T0012222

PRESENTADO A:

_____

POR:

_____

FECHA:

_____

ORACIONES DE UN MINUTO
PARA CUANDO NECESITAS
un milagro

Nick Harrison

ORIGEN

Penguin
Random House
Grupo Editorial

Título original: *One-minute prayer when you need a miracle*
© 2019, by Nick Harrison
Published by Harvest House Publishers
Eugene, Oregon 97408
www.harvesthousepublishers.com

Primera edición: junio de 2020

Publicado bajo acuerdo con Harvest House Publishers
© 2019, Nick Harrison
© 2022, Penguin Random House Grupo Editorial USA, LLC.
8950 SW 74th Court, Suite 2010
Miami, FL 33156

Todas las citas bíblicas, a menos que se indique lo contrario, fueron tomadas
de la RVR 1960, Reina Valera © 1960 Sociedades Bíblicas en América Latina;
© renovado 1988 Sociedades Bíblicas Unidas. Utilizado con permiso.
Reina Valera 1960™ es una marca registrada de la American Bible Society

Traducción: David Coyotl
Diseño de cubierta: Víctor Blanco
Imagen de cubierta: Elenglush / Shutterstock.com

ISBN: 978-1-644731-89-5

Impreso en México – *Printed in Mexico*

22 23 24 25   10 9 8 7 6 5 4 3

ÍNDICE

Creyente: aunque aparentemente todo esté en tu contra, puedes estar tranquilo, ya que Dios ha provisto a tu favor; en el pergamino de tus aflicciones se incluye una cláusula de reserva. De alguna forma, Él te librará y, en algún lugar, te proveerá. El lugar del cual proviene tu rescate puede ser inesperado, pero con toda seguridad, llegará la ayuda en tu situación extrema y magnificarás el nombre del Señor. Si los hombres no te alimentan, los cuervos lo harán; si la tierra no produce trigo, caerá maná del cielo. Por tanto, recobra el ánimo y descansa apaciblemente en el Señor. Dios puede hacer que el sol salga por el oeste si le place, y hacer que la fuente de angustia se convierta en un canal de deleite.

——CHARLES HADDON SPURGEON (1834–1892)

INTRODUCCIÓN

¿Te encuentras ahora mismo en una situación desesperada? ¿Te parece que no hay salida, que no tienes
escapatoria...? ¿Solo vislumbras un desenlace drásti-
co e inevitable a tu crisis actual?

En pocas palabras: *necesitas un milagro.* Necesitas
nada menos que Dios se manifieste, y que lo haga en
grande.

Sería inútil ofrecerte frases trilladas o incluso versículos de las Escrituras que te aseguren que "Dios se
encargará de esto. Todo va a estar bien". Puede que
sea cierto, pero durante nuestras horas más oscuras,
necesitamos mucho más que clichés.

Oro para que en las siguientes páginas encuen-
tres esperanza –*verdadera* esperanza– en tu hora más
negra. Dios *efectivamente* escucha nuestras oraciones.

No existe un solo momento en el que deje de pensar en nosotros y en nuestras circunstancias. Más aún, Dios tiene una solución –una solución perfecta– para cada situación que atravesamos. No siempre es la que apreciamos o esperamos, porque no podemos ver nuestra condición de la forma en que Dios la percibe. Sin embargo, a menudo podemos mirar atrás y darnos cuenta, en retrospectiva, de que Dios nos sostuvo todo el tiempo en sus manos.

A medida que caminemos juntos durante las próximas semanas, mientras oras con las plegarias de este libro, deseo que aprendas a confiarle completamente a Dios el resultado final de tu situación. Confía en que Él lo puede ver. Confía en que Él conoce tu dolor. Confía en que Él no te abandonará.

Hay dos cosas que todos debemos tener en mente cuando pasamos por momentos difíciles e incluso desesperados. En primer lugar, debemos saber que Dios *sí* realiza milagros cuando responde nuestras oraciones. Sin embargo, en ocasiones, esos milagros no son tal como los imaginamos. Dios tiene la respuesta perfecta para quienes confían en Él, pero esa respuesta o milagro no siempre ocurre como pensamos que debía hacerlo. ¿Puedes aceptar esto?

En segundo lugar, tendemos a pensar que los milagros son siempre respuestas sobrenaturales que llegan *al instante*. Queremos un milagro *rápido*. En ocasiones, efectivamente, Dios nos proporciona milagros inmediatos. Sin embargo, otras veces, se revelan lentamente con el tiempo. ¿Estás dispuesto a aceptar que tu milagro puede ser lento? Después de todo, si se trata de un milagro de Dios, no debería importar si sucede de manera lenta o rápida.

Me gustaría que hicieras lo siguiente a medida que ores las oraciones de este libro:

* Espera la respuesta de Dios a tu plegaria, consciente de que el milagro que necesitas puede no ser el que imaginaste.
* Si la situación empeora en vez de mejorar, no dejes que tu determinación de confiar en Él se debilite.
* No sigas enfrentando tu crisis con temor, enojo o preocupación. Concentra tu atención en Dios. Pon la vista solamente en Él. Cuando Pedro vio a Jesús caminar sobre el agua, quiso hacer lo mismo. Respondiendo a la invitación de Jesús, Pedro salió de la barca y todo estuvo

bien mientras mantuvo su vista en Jesús. Pero, cuando puso la vista en la tormenta que lo rodeaba, comenzó a hundirse. Mantente mirando al Señor y camina sobre el agua atravesando tu crisis.

* Da gracias a Dios por su respuesta *ahora mismo*, antes de que llegue.

* Alaba a Dios cuando venga la respuesta... y cuéntales a los demás sobre la fidelidad de Dios para contigo.

* Si el milagro que necesitas se presenta antes de terminar la lectura de este libro, ve a la página 173 y lee la sección "Palabras finales".

Algunos se preguntarán: "¿Cómo es que unas sencillas oraciones de un minuto pueden dar lugar al milagro que necesito?". Bueno, solo tenemos que observar muchas de las oraciones en la Biblia y percatarnos de lo breves que son algunas de ellas. Una de las plegarias más poderosas en la Biblia incluye solo ocho palabras. El ladrón que estaba en la cruz miró a Jesús y simplemente dijo: "Acuérdate de mí cuando vengas en tu reino" (Lucas 23:42). Esa súplica fue respondida. Hay muchas otras oraciones breves a lo largo de la Biblia, incluyendo la más famosa de todas: el Padrenuestro, la oración del Señor. Se cita a Martín Lutero como autor de las siguientes palabras: "Mientras menos palabras, mejor será la oración". La brevedad no es nuestra enemiga al orar. Sin embargo, Dios también recibe las plegarias extensas. Mi esperanza es que, si sientes que un minuto es muy poco tiempo para orar, utilices esta páginas como un puntapié para iniciar tus propias oraciones de mayor extensión. Si eso ocurre, ¡bien! *Continúa orando.* Un minuto es el tiempo mínimo, no el máximo. Ora tanto como lo necesites, incluso si tienes que pedirle a Dios que te dé las palabras para continuar. ¡Una ventaja de atravesar una crisis es que nos ayuda a aprender a orar!

Algunos lectores se sentirán tentados a adelantarse y leer más de una oración. Mi sugerencia es que resistas esa tentación y leas solo una por día, tomándote el tiempo para reflexionar sobre ella hasta el día siguiente. Considera el mensaje y aprópiate de su verdad antes de continuar. Una razón para no adelantarse es que hay varios temas que se repiten a lo largo del libro. Son cuestiones primordiales que tienen que repetirse de una forma ligeramente distinta cada vez, e incluyen la fe, paciencia, confianza y soberanía de

Dios. Es importante asimilar estas verdades espirituales mediante la repetición.

Por último, recuerda por favor que este libro se basa en una compresión cristiana de Dios y de su manera de actuar, tal como se revela en la Biblia. Debes saber que el milagro más grande de todos ocurre cuando nacemos de nuevo en el reino de Dios al pedir que Cristo tome el control de nuestra vida. Ese es el primer milagro con el que debes comenzar. Entrégale tu vida: tanto esta como la vida eterna. Si nunca has recibido a Cristo como tu Señor, mi sugerencia es que lo hagas en este mismo momento y comiences a vivir el milagro más grande de todos. A continuación encontrarás una oración modelo:

> Dios, necesito tu ayuda. Te necesito en mi vida. Te ruego que perdones mis pecados y que crees en mí la vida nueva y abundante que les has prometido a todos los que creen en ti. Dios, te entrego mi situación actual y la totalidad de mi ser. Gracias por amarme y escuchar mi oración.

Si oraste de esa manera y lo hiciste con sinceridad, Dios te escuchó y, de acuerdo a su Palabra, ahora eres su hijo/a.

Si ya eres cristiano, mi esperanza es que este libro te ayude a incrementar tu fe y ampliar tu percepción de Dios.

Ahora, ¡dediquémonos a orar por el milagro que necesitas!

El tiempo establecido

Pero cuando vino el cumplimiento del tiempo...

GÁLATAS 4:4

Cuando nos encontramos en graves problemas, queremos una solución *ahora mismo*. Nuestra necesidad de un milagro no espera. Pero Dios sabe cuándo y cómo responder a nuestra oración. No tiene sentido apresurar su respuesta. Es suficiente saber que Él responderá...

Padre celestial, no soy bueno esperando, especialmente durante este tiempo difícil por el que paso. Tú conoces la gravedad de mi situación. Tú sabes cuánto quiero un milagro *ahora mismo*. Ayúdame a aprender a esperar. Ayúdame a aceptar *tu* tiempo para el milagro que necesito. Señor: sé que Tú ya puedes ver el desenlace de mi situación. No estás preocupado ni estresado. Por esa razón, yo también descansaré y esperaré hasta que venga el cumplimiento del tiempo.

Confianza

En el día que temo,

yo en ti confío.

En Dios alabaré su palabra;

en Dios he confiado, no temeré...

SALMOS 56:3-4

Dios permite ciertas situaciones adversas en nuestra vida para que tengamos la oportunidad de ejercer nuestra confianza en Él. Nos preguntamos: *"¿Vendrá Dios en mi ayuda nuevamente?"*. Entonces, volvemos la vista atrás y vemos que, su mano estuvo presente en otras situaciones difíciles y comprendemos que sí.

Querido Señor, me has dado muchas oportunidades de confiar en ti. No siempre lo he conseguido, pero me sostuviste incluso cuando mi confianza era débil. Te pido en este momento que pueda tener un corazón confiado, aun en mi situación actual. Oro porque al final de esta prueba crea más en ti y esté más consciente del poder que tiene esa fe para ayudarme a vencer los problemas que enfrentaré en el futuro.

Dios será glorificado

A él sea la gloria por los siglos. Amén.

ROMANOS 11:36

Tenemos que encomendar el motivo de nuestra crisis a Dios, con el total entendimiento de que solo Él recibirá la gloria cuando ocurra un milagro. Muchos olvidamos este principio tan importante. Una vez que se resuelva el problema es posible que reconozcamos a Dios por haber hecho su parte, pero sin ofrecerle toda la alabanza, gloria y honor. Asegúrate de dispensarle a Dios –ahora y no luego– la alabanza que merece.

Oh, Dios, qué necio sería atribuirme gloria alguna por el milagro que ocurrirá. O alabar a otros cuando tengo la total certeza de que fuiste Tú quien realizaste el milagro que estaba esperando. Ahora mismo, antes de que llegue la solución, te doy alabanza y gloria anticipadas por lo que haces tras bambalinas y por lo que harás en el futuro para asegurar el desenlace correcto de mi situación. Verdaderamente, eres un Dios de milagros y maravillas.

Sensación de soledad

Padre de huérfanos y defensor de viudas
es Dios en su santa morada.
Dios hace habitar en familia a los desamparados;
saca a los cautivos a prosperidad;
mas los rebeldes habitan en tierra seca.

SALMOS 68:5-6

Cuando nos encontramos en una situación desesperada, nos sentimos solos. Aun cuando tenemos el conocimiento de que otros pasaron, pasan y pasarán por momentos difíciles, no se hace más ligera nuestra carga, sentimos que nadie nos comprende. Pero Dios sí nos entiende. Recuerda: *nunca estamos solos en nuestras pruebas.*

Querido Señor, hoy me resulta difícil soportar mi situación. Siento que nadie me comprende, aun cuando expresan su simpatía y se ofrecen a orar por mí. Por favor, Dios, Padre de los huérfanos y Defensor de las viudas, renueva mi espíritu haciéndome consciente de tu presencia. Señor, reemplaza la soledad con el consuelo que solo Tú brindas.

Confianza en la obra de Dios

En el temor de Jehová está la fuerte confianza...

PROVERBIOS 14:26

Observar a Dios actuar edifica nuestra confianza. Vamos de victoria en victoria cada vez que Él demuestra su fidelidad. Confía hoy en Su capacidad para resolver cada uno de los problemas de tu vida. Después de todo, te ha mostrado infinidad de veces que siempre puedes contar con Él.

Dios, mi confianza en ti es fuerte. Estoy convencido de que puedes hacer lo necesario para sacarme de este momento difícil. Hace falta un milagro, pero confío en que Tú puedes hacerlo, Señor. Eres el autor de los milagros y creo que ya tienes uno esperándome con mi nombre escrito en él.

Padre, cuando termine este tiempo de prueba, miraré atrás y veré ese milagro como un trofeo de tu fidelidad y como otra confirmación de mi confianza en ti.

Tú siempre eres fiel, Señor.

A la espera de un milagro

...mas para Dios todo es posible.

MATEO 19:26

Para *recibir* un milagro, debemos *esperar* un milagro. Debemos creer que Dios puede hacer lo imposible. Debemos saber que Él está a nuestro lado durante nuestra prueba y tiene en mente el desenlace más conveniente. Nunca tenemos que permitir que las dudas socaven nuestra esperanza.

Dios, Tú eres el Señor de lo imposible. Sabes que necesito tu intervención en algo que a mí me parece imposible. Padre, mi disposición a esperar un milagro proviene de ti y solo de ti. Ten paciencia conmigo mientras mi confianza en tu capacidad de darle a esta crisis el final que Tú deseas se va fortaleciendo. Haz que lo que hasta ahora parece una causa perdida, produzca buen fruto.

Padre, contigo todo es posible.

Estar dispuesto a recibir una sorpresa

Entonces mandó a la gente recostarse sobre la hierba; y tomando los cinco panes y los dos peces, y levantando los ojos al cielo, bendijo, y partió y dio los panes a los discípulos, y los discípulos a la multitud.

MATEO 14:19

En medio de nuestra situación caótica hayamos llegado a la conclusión de que sabemos cuál es el milagro exacto que Dios debería otorgarnos. Pero Dios puede sorprendernos con una respuesta inesperada. Debemos estar abiertos y dispuestos a recibirla, dejando de lado nuestros propios planes imperfectos.

Dios, ¡eres impredecible! Tanto, que puedes alimentar a más de cinco mil personas con cinco panes y dos peces, y además llenar doce cestas con lo que sobra. Señor, amo tu impredecibilidad, aun cuando a menudo me confunde. Quiero que sepas que deseo *tu* milagro para resolver mi caótica situación. Reconozco que posiblemente no sea el mismo que tengo en mente y que tendrá un mejor resultado que el mío.

Señor, sorpréndeme. Deléitame con tu respuesta.

Dependencia de Dios

Fíate de Jehová de todo tu corazón,
y no te apoyes en tu propia prudencia.

PROVERBIOS 3:5

Las turbulencias de nuestra vida nos obligan a ceder el control y finalmente a confiar en Dios con todo nuestro corazón. No podemos seguir apoyándonos en nuestro propio entendimiento. Quizá esa sea la razón por la que Dios permite que pasemos por la prueba actual: para asegurarse de que confiamos completamente en Él y abandonamos nuestra comprensión distorsionada de los hechos.

Padre, esta situación ha derribado todos los puntales que me sostenían. No tengo ninguna muleta en donde apoyarme. Mi propio entendimiento no me dará una solución. Solo cuento contigo, así que me arrojo nuevamente a tus brazos en busca de la fortaleza y el valor que puedes darme, de la paz de tu Espíritu Santo en medio de mi presente agitación.

Señor, te pido que permitas que esta prueba aumente mi dependencia de ti en cada área de mi vida.

Lamento

El corazón de ellos clamaba al Señor; oh hija de Sion, echa lágrimas cual arroyo día y noche; no descanses, ni cesen las niñas de tus ojos.

Levántate, da voces en la noche, al comenzar las vigilias; derrama como agua tu corazón ante la presencia del Señor; alza tus manos a él implorando la vida de tus pequeñitos, que desfallecen de hambre en las entradas de todas las calles.

LAMENTACIONES 2:18-19

Lamentarse es un concepto totalmente bíblico. El pueblo de Dios a menudo tuvo que quejarse de las circunstancias adversas que atravesaba. Si hoy tu corazón está apesadumbrado por el calvario que atraviesas, adelante, laméntate. Desahógate con Dios. Él escucha atentamente nuestro gemido.

Dios, Tú conoces mis preocupaciones y mi dolor. Tú escuchas mis sollozos y mis lamentos. A duras penas puedo pedirte hoy por mi necesidad; solo puedo quejarme, sabiendo que Tú me comprendes.

¡Escucha mi clamor, Señor! ¡Escucha mis oraciones!.

La vida dirigida por Dios

Muchas son las aflicciones del justo,
pero de todas ellas le librará Jehová.
Salmos 34:19

La verdadera felicidad proviene de vivir una "vida dirigida por Dios". Esto significa que Dios le proporciona un objetivo, la dirección y el bien a nuestros días. Sin embargo, aun así debemos soportar pruebas severas. Efectivamente, "muchas son las aflicciones del justo", pero la persona que es guiada por Dios sabe que Él libra a su pueblo de la adversidad y utiliza las dificultades para el beneficio máximo de quien las padece.

Padre, de la mejor forma que puedo, te ofrezco mi vida para que la dirijas. Ayúdame a confiar en ti en cualquier situación: en lo bueno, lo malo. Cuando enfrente una adversidad –como la que estoy soportando ahora–, sé que convertirás mi prueba en una oportunidad dirigida por ti para mi propio beneficio: aun cuando ese beneficio sea, simplemente, utilizar mi experiencia para ayudar a otros que enfrentan la misma desgracia.

Reconocer el dolor

Mis huidas tú has contado:
pon mis lágrimas en tu redoma;
¿no están ellas en tu libro?

SALMOS 56:8

A Dios le parece bien que reconozcamos nuestro dolor cuando enfrentamos una prueba. De hecho, podemos clamar confiadamente a Él cada vez que sentimos una punzada de pena o confusión. Hasta Jesús clamó a su Padre desde la cruz. Por tanto, deja que Dios escuche tus sollozos. Deja que llene con tus lágrimas su redoma (botella).

¡Oh, Dios! Mi corazón está apesadumbrado al transitar por esta etapa de mi vida. Me pregunto cómo..., por qué..., cuándo terminará todo esto. Querido Padre, clamo a ti con las lágrimas que nacieron de mi dolor. Sopórtalo junto a mí, Señor. Cuenta mis lágrimas; viértelas en tu vasija. Que no caiga ni una sola de ellas sin que Tú la veas.

Dios cambia lo que tú no puedes cambiar

¡Oh Señor Jehová! he aquí que tú hiciste el cielo y la tierra con tu gran poder, y con tu brazo extendido, ni hay nada que sea difícil para ti.

Jeremías 32:17

Muchas veces la dificultad de nuestras pruebas nos impide transformar las circunstancias o de ponerle punto final a la situación. No podemos agitar una varita mágica y hacer que termine nuestra aflicción simplemente porque lo deseamos. Cuando finalmente asimilamos esa verdad y nuestro único recurso es confiar en Dios, deberíamos sentirnos aliviados. No contamos con poder alguno, pero Él es todopoderoso.

Padre, Tú ves lo indefenso que estoy en mi situación actual. No hay nada que yo pueda hacer para que ocurra el milagro que necesito. Señor, debo confiar en ti, en el Dios que con su brazo extendido y su gran poder hizo los cielos y la tierra.

Te suplico que con ese mismo poder y tu brazo extendido, actúes en mi favor. Haz por mí lo que no puedo hacer por mí mismo.

En quietud y confianza

Porque así dijo Jehová el Señor, el Santo de Israel: En descanso y en reposo seréis salvos; en quietud y en confianza será vuestra fortaleza.

ISAÍAS 30:15

A menudo, las situaciones problemáticas que atravesamos nos angustian o nos llevan a preocuparnos innecesariamente. Sentimos cualquier cosa menos sosiego y confianza. Aun así, cuando depositamos nuestra confianza en Dios para que nos conceda un milagro, hallamos una tranquilidad y una certeza que nos tranquilizan.

Desprecúpate todo lo que puedas. Ten confianza en la presencia del Señor.

Oh, Señor, qué difícil es permanecer calmado y equilibrado emocionalmente mientras todo esto sucede. Aquieta mi alma, Padre. Inunda mis emociones con la paz que proviene de confiar en ti. Cuando sienta la tentación de salir de la zona de quietud y confianza, refréname. Mantenme dentro del círculo protector de tu amor y cuidado.

Compartir la carga

Sobrellevad los unos las cargas de los otros,
y cumplid así la ley de Cristo.

GÁLATAS 6:2

Llevar una carga pesada en solitario la hace aún más abrumadora. ¿Tienes gente a quien puedas contarle que necesitas un milagro? ¿Puedes llamar a dos o tres personas con quienes compartir los detalles íntimos de tu situación? Haz una lista de al menos dos compañeros de oración y acércalos a tu círculo de aflicción. Pídeles que te recuerden sus oraciones. Cuando ocurra el milagro, también se regocijarán contigo.

Padre Dios, guíame a encontrar dos o tres personas a quienes pueda confiarles mi carga. Trae a mi mente la gente que debo reclutar para la batalla. Ayúdame a ser transparente acerca de mi necesidad. Luego, Padre, cuando mi prueba llegue a su fin, siempre recuérdame cuánto necesité y aprecié a quienes estuvieron dispuestos a caminar a mi lado. Anótame entonces, querido Señor, como alguien que compartirá también la carga de los demás.

Saber que a Dios le importa

> Oh Dios, no guardes silencio;
> no calles, oh Dios, ni te estés quieto.
>
> SALMOS 83:1

Cuando estamos a la espera de un milagro, a veces Dios parece permanecer en silencio e indiferente a nuestras lágrimas. Aun así, debemos saber con toda certeza que Dios siempre está obrando a favor nuestro, incluso durante las horas, días o semanas de silencio. Sigue confiando día a día en que Dios se preocupa por ti.

Dios, no me gusta mucho cuando guardas silencio. Deseo sentir tu presencia a lo largo de mi prueba. Quiero escuchar tus palabras de consuelo. Quiero ser testigo de que actúas a mi favor.

Los días en que me sienta especialmente solo y no pueda percibir tu presencia, recuérdame que nunca estás lejos. Estás aquí, aun cuando no pueda escuchar tu voz. Los días en que mis oraciones no parezcan pasar del techo, recuérdame que sigues atento a mi desesperada necesidad.

Vencer la duda

Los montes se derritieron como cera delante de
Jehová, delante del Señor de toda la tierra.

SALMOS 97:5

Es posible que, en algún momento de nuestro recorrido por el desierto, nos enfrentemos a la enorme
duna de la incertidumbre: "¿Podré seguir avanzando? ¿Tengo que escalar esta montaña de arena, aun
cuando mis pies resbalan y desciendo con cada paso
que doy?" Esta duna puede irse formando lentamente, un grano cada día, o puede abalanzarse sobre
nosotros como una rápida tormenta. Sin importar
cómo aparezca, hay que escalarla.

Oh, Dios, parece como si la montaña de la incertidumbre se presentara justo cuando menos la necesito. Asalta mi fe con múltiples cuestionamientos:
"Qué pasaría si...", "Si tan solo..."; y con un pensamiento en particular: "No hay esperanza para ti".
Señor, quédate conmigo mientras atravieso la montaña. Dame las alas de la fe para sobrevolarla.

Las tácticas del enemigo

...para que Satanás no gane ventaja alguna sobre nosotros; pues no ignoramos sus maquinaciones.

2 Corintios 2:11

Si analizamos cada prueba, podemos ver el plan del enemigo para derribarnos. Por otra parte, sabemos que Dios está a nuestro favor, sin importar los recursos que use Satanás para derribarnos. Podemos observar esto en la vida de Job o en la historia de José, cuyos hermanos se propusieron hacerle daño. Lo vemos, incluso, en Jesús clavado en la cruz. El enemigo pensó que finalmente había triunfado; pero, en realidad, la crucifixión significó su ruina.

Conoce las tácticas del enemigo a medida que atraviesas tu prueba. Nunca lo dejes tomar ventaja.

Querido Señor, puedo ver la mano de Satanás en mi situación. Él quiere causar estragos en mi vida por medio de la duda y el desaliento. Dios, te pido que me protejas mientras avanzo día a día y que tu poder soberano haga que todo esto obre a mi favor. Líbrame de esta situación. Concédeme el milagro que necesito.

El papel de la adoración

Dad a Jehová la gloria debida a su nombre;
adorad a Jehová en la hermosura de la santidad.

SALMOS 29:2

En medio de tu prueba, no le dediques tiempo solamente a orar, sino también a adorar a Dios. Adóralo no solo por lo que puede hacer (aunque eso es importante), sino *por quién Él es*. En silencio, póstrate delante de Él y alábalo en toda su majestad. Gloríate en tu Dios el día de hoy. Deléitate en su adoración.

Señor Dios, eres tan hermoso. Eres digno de toda mi adoración y alabanza, no por lo que puedes hacer por mí, sino por quién eres. Te entrego en tributo mi alabanza y adoración. Canto la gloria de tu nombre. Eres el Señor de mi vida, dueño de mi corazón, amante de mi alma, autor y consumador de mi fe.

Sí, Dios, para ti sea toda la alabanza..., toda la adoración..., toda la gloria.

Certeza de que todo estará bien

No temas, porque yo estoy contigo; no desmayes, porque yo soy tu Dios que te esfuerzo; siempre te ayudaré, siempre te sustentaré con la diestra de mi justicia.

Isaías 41:10

No hay un solo lugar en la Biblia donde podamos leer que Dios abandonó por completo a su pueblo, ni que se haya rehusado a escuchar las oraciones de quienes se acercaron a Él. Cualquiera sea tu situación desesperada, al final *todo* va a salir bien, según su voluntad. No dejes de orar, no dejes de tener esperanza, no dejes de confiar.

Padre, tú me sostienes con tu diestra de justicia. Eres mi Dios y no desmayaré. Mi situación siempre está delante de ti. Tú puedes ver el principio y el final. Tú conoces mi urgente necesidad y escuchas mi oración pidiéndote por un milagro.

Señor, recuérdame con frecuencia que esta situación tiene un punto final. Mediante un milagro de tu creación, me brindarás la solución correcta de acuerdo a tu voluntad. Señor, ¡haz que ocurra!

Regocijarse en el señor

Regocíjense en el Señor siempre. Y otra vez les digo,
¡regocíjense!

FILIPENSES 4:4, RVC

En la farmacia de Dios hay numerosos remedios que han demostrado su efectividad para combatir casi cualquier enfermedad. Cuando estamos débiles a causa de nuestra ardua travesía, uno de los mejores remedios es el gozo del Señor, que es infinito e inagotable. Pablo podía escribirles con facilidad a los cristianos filipenses que se regocijaran "... siempre. Y otra vez les digo, ¡regocíjense!". Regocíjate en este momento con el gozo del Señor. Sumérgete al máximo.

Señor, ¡gracias por el gozo que me das! Tu alegría es como una fuente viva de la que brota agua fresca en una tierra árida.

¡Más, Señor, quiero más! Derrama tu gozo en mí mientras me regocijo en ti. Dale a mi alma el optimismo y la esperanza que nacen del gozo verdadero. ¡Yo me regocijo solamente en ti! ¡Te alabo porque me concedes un corazón alegre, Señor!

Dedicado

Encomienda a Jehová tu camino,
y confía en él; y él hará.

SALMOS 37:5

Una vez que dedicamos nuestra vida al Señor, nuestras circunstancias también forman parte de ese acuerdo, incluidos los acontecimientos del futuro. Quizá no había forma de prever nuestra prueba actual, pero ahora es parte de nuestra vida. Dios acepta esta situación como parte de nuestro compromiso con Él. Nuestra prueba es también *suya*. Todo lo que le encomendamos pasa a ser tanto suyo como nuestro.

Dios, Tú sabes que todo lo que poseo es tuyo. Todo mi ser es tuyo. Cuando me encomiendo a ti, lo encomiendo *todo*. Te entrego esta prueba acompañada de todos sus perturbadores tentáculos. Señor, toma todo lo que tengo y hazlo tuyo. Toma esta prueba y transfórmala de tal modo que sirva a tus propósitos. Ya no es solo mía. Señor, del mismo modo, todo lo que Tú tienes es mío. Por tanto, me apropio de tu paz y también de tu gozo.

El futuro es un camino

Porque yo sé los pensamientos que tengo acerca de vosotros, dice Jehová, pensamientos de paz, y no de mal, para daros el fin que esperáis.

JEREMÍAS 29:11

Cuando estamos hundidos hasta las rodillas en nuestro dilema, se distorsiona nuestra visión del futuro. Pero, tenemos que permitirle a Dios darnos la esperanza de un porvenir en el que nuestra prueba actual se convierta en un símbolo de Su fidelidad en el pasado.

Padre, mi visión está tan ofuscada por mis problemas que no puedo ver más que dificultades en los días por venir. Que en un futuro pueda mirar atrás y ver cómo esta prueba que hoy estoy atravesando se convirtió en un memorial de tu fidelidad para conmigo. Dame ánimo Señor, para mirar hacia adelante, al destino que tienes preparado para mí. Ayúdame a que pueda dejar de lado las dificultades que me condujeron a esta crisis. Que esos problemas terminen tan pronto como Tú lo permitas.

El consuelo del espíritu santo

Bendito sea el Dios y Padre de nuestro Señor Jesucristo, Padre de misericordias y Dios de toda consolación, el cual nos consuela en todas nuestras tribulaciones, para que podamos también nosotros consolar a los que están en cualquier tribulación, por medio de la consolación con que nosotros somos consolados por Dios.

2 Corintios 1:3-4

El Espíritu Santo desempeña muchos papeles en nuestra vida: es maestro, guía, ayudador y mucho más. Sin embargo, quizá el papel más significativo es el de consolador. Cada vez que una punzada de dolor nos atraviesa, el Espíritu Santo está ahí para consolarnos. Lo recibimos por medio de la fe. No dejes pasar un día más sin acoger el aliento del Espíritu Santo.

Espíritu Santo, gracias por tu presencia en mi vida. Gracias por dirigirme, guiarme y enseñarme. Gracias por revelarme al Señor Jesucristo y su poder para salvarme. Gracias, Señor, por ser una suave almohada bajo mi cabeza durante este tiempo turbulento.

Pensamiento claro

Porque no nos ha dado Dios espíritu de cobardía, sino de poder, de amor y de dominio propio.

2 TIMOTEO 1:7

¿Acaso pensamos con claridad cuando estamos en el horno de la aflicción? No siempre. Nuestra mente está tan ocupada con nuestros problemas que, a menudo, ya no pensamos de manera objetiva.

Piensa en tu prueba actual. Pregúntate cómo puede estar afectando tu capacidad de pensar con claridad. Pídele a Dios que te ayude a ver tu situación de la forma en que Él la ve.

Padre Dios, ayúdame a ver y pensar con claridad mientras atravieso este tiempo de aflicción. Elimina todo lo que nubla mi entendimiento y me hace poner excusas por mi comportamiento o el de los demás. Hazme ver tu perspectiva de mi situación. Muéstrame la verdad sobre el asunto. Anímame a tomar decisiones basándome en tu Palabra y en la dirección del Espíritu Santo. Ayúdame a apartar cualquier pensamiento confuso. Dame el fruto proveniente de una mente en su sano juicio.

Para que se manifiesten las obras de Dios

Al pasar Jesús, vio a un hombre ciego de nacimiento.

Y le preguntaron sus discípulos, diciendo: Rabí, ¿quién pecó, este o sus padres, para que haya nacido ciego?

Respondió Jesús: No es que pecó este, ni sus padres, sino para que las obras de Dios se manifiesten en él.

JUAN 9:1–3

Cuando tratamos de entender el "¿Por qué a mí, Señor?", la mayoría de las veces no encontramos una explicación, ni sabemos por qué estamos sometidos a esta dura prueba. No importa cuál sea la génesis de nuestro problema, mejor atribuyamos su origen –y su desenlace– a una manifestación de la obra de Dios.

Padre, no sé por qué estoy pasando por esta terrible prueba. He tratado de entenderlo y todavía no tengo la menor idea. Oro para que la razón de todo este caos sea que, en última instancia, Tú seas glorificado de alguna forma. Toma el control de esta situación y conviértela en una muestra de tu fidelidad.

El amor de Dios por ti

Mirad cuál amor nos ha dado el Padre, para que seamos llamados hijos de Dios...

1 Juan 3:1

Es posible que, en medio de nuestros problemas, perdamos de vista el inmenso amor de Dios por nosotros. Pero es durante ese tiempo de angustia que más necesitamos contar con la seguridad de que nos ama. Independientemente de cómo te sientas respecto de la dirección que ha tomado tu vida, todavía puedes vivir cada día en el amor de Dios.

Señor, tu amor por mí es sanador. Ayúdame hoy a experimentarlo, a percibirlo de una forma palpable. Ayúdame a aprender a vivir día a día en él. Recuérdame las muchas formas en las que cuidas de mí. Nunca dejes que pierda la esperanza por causa del desaliento. Más bien, renueva mi confianza en que tu amor allanará el camino hacia el milagro que necesito.

Perdón

Antes sed benignos unos con otros, misericordiosos, perdonándoos unos a otros, como Dios también os perdonó a vosotros en Cristo.

EFESIOS 4:32

Los problemas pueden estar relacionados con alguna ofensa o, quizá, el resultado de ellos puede ofender a alguien. En cualquier caso, el perdón es un elemento importante. ¿Hay alguien a quien tengas que perdonar? ¿Alguien tiene que perdonarte a ti? Abrir las puertas al perdón puede producir el milagro que esperas.

Señor, si hay algún elemento de perdón necesario para apresurar el milagro que preciso en esta circunstancia, por favor ayúdame a darme cuenta de ello. Ayúdame a convertirme en alguien que perdona con facilidad a quienes lo ofenden. No me permitas ofender a los demás pero, si lo he hecho, permíteme verlo también con claridad. No quiero que ofensa alguna se interponga entre mi persona y el milagro que resolverá mi problema.

El favor de Dios

Porque tú, oh Jehová, bendecirás al justo;
como con un escudo lo rodearás de tu favor.

SALMOS 5:12

No es malo pedirle a Dios que te muestre su favor en medio de la situación que atraviesas. De hecho, hacerlo es justo y necesario. Permite que el favor de Dios para contigo cambie tu manera de percibir las circunstancias actuales. Deja que él sea el escudo que te proteja de la adversidad.

Dios, me sorprende que hayas elegido favorecerme. No merezco tu buen trato, pero lo recibo de buena gana. Padre, que tu favor se extienda a mi situación actual. Que influencie a otros en mi círculo, de modo tal que traiga sanidad y paz. Señor, que yo pueda, por mi parte, influenciar a otras personas para que confíen en tu generoso favor. Que sea un escudo que me cubra protegiéndome de la adversidad.

Suplicar por seguridad

Caerán a tu lado mil,
y diez mil a tu diestra;
mas a ti no llegará.

SALMOS 91:7

¿Hay algún aspecto peligroso en tu situación? Incluye en tus oraciones una súplica por tu seguridad. Que caigan mil a tu derecha y a tu izquierda, pero que nada se acerque a ti. Que no temas el terror de la noche ni las flechas que vuelan de día (versículo 5). Que tu vida esté rodeada de la seguridad divina.

Dios, cuídame durante este tiempo de tanto estrés. Protégeme del peligro. Extiende, Señor, tu red de seguridad sobre mis seres queridos. Anula cualquier plan que exista para dañarme. Aumenta mi fe para que pueda resistir el temor irracional que me provocan los pensamientos que me tientan a dudar de tu protección. Guárdame, Señor. Envía ángeles a acampar alrededor de mí. Aleja de mí todo peligro.

El exclusivo plan de Dios para ti

Cuando pases por las aguas, yo estaré contigo;
y si por los ríos, no te anegarán.
Cuando pases por el fuego, no te quemarás,
ni la llama arderá en ti.
Porque yo [soy]Jehová, [el] Dios tuyo.

ISAÍAS 43:2–3

Dios tiene un plan exclusivo para cada uno de noso-tros. En ocasiones, llevarlo a cabo requiere atravesar aguas profundas. Durante ese tiempo, todo lo que ve-mos es un océano turbio y agitado. Sin embargo, Dios puede ver el final de todo y, cuando nos encomenda-mos a Él y a su plan, podemos estar seguros de que al final de nuestra travesía estaremos a salvo.

Dios, me encuentro ahora mismo en las aguas profun-das de la vida. Si esto es parte del plan que has dise-ñado para mí, oro para que la obra pueda terminar rápidamente, de tal modo que pueda seguir adelante y dejar atrás este dolor. Saca todo el bien que desees de mi situación y ayúdame a reconocer el papel que este sufrimiento juega en el plan que tienes para mi vida.

52

Él nunca te dejará ni te desamparará... ¡jamás!

Esforzaos y cobrad ánimo; no temáis, ni tengáis miedo de ellos, porque Jehová tu Dios es el que va contigo; no te dejará, ni te desamparará.

Deuteronomio 31:6

Mientras esperamos, observamos y oramos por el milagro que necesitamos, es muy reconfortante saber que nuestro Señor está siempre con nosotros. No siempre percibimos su presencia, pero la promesa es segura: Él está aquí. No nos ha abandonado.

Querido Señor, pasan los días y no siento tu presencia. Por fe sé que, incluso en estos momentos, Tú estás conmigo. Tú puedes ver la conclusión de todas las cosas desde su inicio y ya has determinado cómo resolver mi situación de la mejor manera. Confío en ti, Señor. Gracias por tu presencia, ya sea que pueda sentirla o no.

Padre, debido a tu presencia tengo fuerza y valor. No temo ni me siento amedrentado por mis circunstancias, pues Tú vas delante de mí. ¡Te alabo, Señor!

Dios cumple sus promesas

... porque todas las promesas de Dios
son en [Jesús] Sí...

2 Corintios 1:20

Una de las peores acusaciones que Satanás nos susurra al oído es que Dios no cumplirá sus promesas. Tal idea es impensable para un cristiano que confía en Dios. Y aun así, cuando estamos atravesando momentos difíciles, nos volvemos vulnerables a las mentiras de Satanás. En momentos como ese, necesitamos encontrar en la Palabra de Dios una promesa que se ajuste a la situación y afianzarnos firmemente a ella, recordándole al diablo el firme compromiso que Dios tiene con nosotros. Siléncialo citando las promesas de Dios.

Dios, como cualquier buen padre, siempre cumples tus promesas a pesar de los susurros traicioneros del enemigo. Cuando me asalte la duda, dirígeme a esa promesa exacta en tu Palabra que me dará el poder para mantenerme fuerte. Que a través de ellas pueda silenciar las acusaciones del enemigo y sus intentos de infundirme temor.

Permanecer en la vid

Permaneced en mí, y yo en vosotros. Como el pámpano no puede llevar fruto por sí mismo, si no permanece en la vid, así tampoco vosotros, si no permanecéis en mí.

Yo soy la vid, vosotros los pámpanos; el que permanece en mí, y yo en él, este lleva mucho fruto; porque separados de mí nada podéis hacer.

JUAN 15:4-5

¿Cuál es el lugar más seguro para el creyente? La vid, por supuesto. Y Jesús es la vid. Cuando permanecemos en Él, tenemos vida verdadera. Si no permanecemos en Él, sufrimos una gran pérdida.

Señor, permanezco en ti, mi vid verdadera. Renuévame con tu vida divina. Fluye a través de mí y permíteme ser portador de tu presencia cuando estoy con otros que luchan también. Que mi vida de permanencia en ti sea un testimonio de tu fidelidad. Que el fruto de la vid sea paz, amor y gozo en mi vida a través del Espíritu Santo.

El poder para tomar una decisión

Te haré entender, y te enseñaré el camino en que debes andar; sobre ti fijaré mis ojos.

SALMOS 32:8

Una de nuestras mayores libertades en Cristo es el poder para tomar las decisiones correctas. Estamos en una encrucijada. ¿Cuál camino tomaremos: este o aquel? Dios nos da sabiduría cuando decidimos basados en la fe, pero luego debemos procurar que esa decisión obre en nuestro favor.

Padre, a veces tomo decisiones con tibieza, como si lanzara una moneda al aire. Sin embargo, Tú estás lleno de sabiduría y estás dispuesto a compartirla conmigo. Así que, Señor, guíame. Guíame al tomar las decisiones más simples y las más complejas.

Pido que me des el valor para tomar las decisiones necesarias y que me ayudes a ponerlas en práctica. Mientras lo hago, confío en que intervengas y conviertas esas sabias decisiones en el sendero que me conduzca hacia el milagro que necesito.

Tu perspectiva de Dios es muy limitada

Grande es el Señor nuestro, y de mucho poder;
y su entendimiento es infinito.

SALMOS 147:5

Cuando surgen dudas, a menudo ocurre porque hemos permitido que nuestra perspectiva de Dios se reduzca, imaginando lo que Él es capaz o no de hacer. En momentos como ese, debemos recuperar nuestra perspectiva de Dios como el ser omnipotente, omnisciente y omnipresente que es. Dios nunca es pequeño, nunca está limitado y la palabra *imposible* no forma parte de su vocabulario. Asegúrate de confiar en el Dios verdadero, no en el dios pequeño e ineficaz que solo existe en las mentiras de Satanás. ¡Sé audaz al practicar tu fe!

Dios, te adoro como el gran creador y sustentador del universo. Eres grande y digno de alabanza. Estoy maravillado de tu abundante poder. Tu entendimiento es inconmensurable. Señor, es debido a tu grandeza que confío en que me darás salida perfecta y milagrosa al problema que me atormenta en este momento.

Presenta tu caso

Respondiendo él, dijo: No está bien tomar el pan de los hijos, y echarlo a los perrillos.

Y ella dijo: Sí, Señor; pero aun los perrillos comen de las migajas que caen de la mesa de sus amos. Entonces respondiendo Jesús, dijo: Oh mujer, grande es tu fe; hágase contigo como quieres.

Y su hija fue sanada desde aquella hora.

MATEO 15:26-28

Nuestro Dios nos escucha cuando le presentamos nuestro caso. Cuando ores por el milagro que necesitas, decláralo todo delante de Él. Convence a Dios de tu necesidad abriéndole tu corazón y presentándole las razones por las que anhelas su intervención.

Señor, al igual que la mujer cananea que no pudo ser disuadida, yo también te presento los motivos por los que debes escuchar mi ruego. Estas son las razones, Padre, por las que creo que Tú, mi fiel Dios, deberías conceder el remedio para mi situación: [Brevemente, dale al Señor tres o más razones por las que crees que debe intervenir en tu causa].

El poder de la palabra de Dios

Toda la Escritura es inspirada por Dios, y útil para enseñar, para redargüir, para corregir, para instruir en justicia, a fin de que el hombre de Dios sea perfecto, enteramente preparado para toda buena obra.

2 Timoteo 3:16-17

Dios nos ha dado su Palabra, la Biblia, como una revelación de sí mismo. Se trata de un libro lleno de promesas, declaraciones y consuelo para toda circunstancia. Es imperativo que, durante nuestros tiempos difíciles, la conozcamos. Puede convertirse en nuestro refugio, en una lámpara a nuestros pies. Aprovecha cualquier oportunidad durante este tiempo para escudriñar las Escrituras y recibir una esperanza renovada. Deléitate en la Palabra de Dios.

Oh Dios, ¡gracias por tu Palabra! Gracias por las promesas, los principios y el poder de la Biblia. Señor, utiliza este tiempo para fortalecer mi conocimiento de tu Palabra. Renuévame con un entendimiento fresco de cómo debe funcionar mi vida cuando se rige por tus principios.

Tus emociones

...echando toda vuestra ansiedad sobre él, porque él tiene cuidado de vosotros.

1 Pedro 5:7

Durante nuestro paso fugaz por el valle, a menudo dejamos que nuestras emociones nos consuman. Nos sentimos tristes, desanimados, sin esperanza, confundidos y enojados. Pero, desde el punto de vista de Dios, todo sigue igual. La solución a nuestros problemas –la salida del valle– está a Su vista. Aún estamos a salvo bajo su mirada protectora.

Señor, pongo otra vez mis emociones ante ti. Escucho una mala noticia o asumo lo peor acerca del giro de los acontecimientos, y exploto en una montaña rusa incontrolable de sentimientos subjetivos. Sin embargo, durante toda esta agitación emocional, desde tu punto de vista, todo sigue igual. No estás consternado, confundido o preocupado con respecto al desenlace. Mi confianza en ti me da la seguridad de que, al final de la travesía, todo estará bien. *Y si todo no está bien, entonces no es el final.*

Que el señor te ayude en tu incredulidad

> E inmediatamente el padre del muchacho clamó y dijo:
>
> Creo; ayuda mi incredulidad.
>
> MARCOS 9:24

¿Quién no sentiría compasión por el padre que llevó a su hijo mudo y sufriendo convulsiones hasta los pies de Jesús para ser sanado? Cuando Jesús exhortó al hombre a tener fe, él exclamó: "Creo; ayuda a mi incredulidad".

Cuando precisamos la intervención de Dios, todos nos parecemos un poco a él. Creemos pero, albergamos cierta cuota de escepticismo. Jesús comprendió la desesperación del padre y sanó a su hijo.

> Esta prueba actual es muy difícil y aunque creo, Señor, todavía albergo un poco de incredulidad. Te pido que tengas en cuenta mi fe e intervengas en mi favor a pesar de mis persistentes dudas.
>
> Reafirma mi fe en ti. Muestra tu poderosa mano suministrando el remedio –un milagro– para mi situación desesperada. Te alabaré por siempre. Nunca lo olvidaré.

Descanso divino

Venid a mí todos los que estáis trabajados y cargados, y yo os haré descansar.

Llevad mi yugo sobre vosotros, y aprended de mí, que soy manso y humilde de corazón; y hallaréis descanso para vuestras almas; porque mi yugo es fácil, y ligera mi carga.

MATEO 11:28-30

Nuestra situación viene acompañada de una lucha interior. Dentro de nosotros no hay descanso. Aún así, Dios puede proporcionarnos la tranquilidad que necesitamos si confiamos en Él. Puede apaciguar nuestra agitación si confiamos en que Él está en control del desenlace de nuestra prueba.

Padre, vengo a ti con cargas. Me deshago de este pesado yugo de la espalda y lo reemplazo con el tuyo, que es fácil y ligero. Lo uso como si fuera un chaleco salvavidas, pues tu yugo es mi lugar de descanso, mi refugio durante la tormenta. Al llevar tu carga liviana, te ruego que te hagas responsable de la mía tan pesada.

Milagros progresivos

...le trajeron un ciego, y le rogaron que le tocase.

Entonces, tomando la mano del ciego, le sacó fuera de la aldea; y escupiendo en sus ojos, le puso las manos encima, y le preguntó si veía algo.

Él, mirando, dijo: Veo los hombres como árboles, pero los veo que andan.

Luego le puso otra vez las manos sobre los ojos, y le hizo que mirase; y fue restablecido, y vio de lejos y claramente a todos.

MARCOS 8:22-25

Dios se toma su tiempo. En ocasiones, su obra tiene lugar por etapas, como sucedió con el ciego que, luego del primer toque de Jesús, solo podía ver a los hombres como árboles caminando. Se requirió de un segundo toque para que el hombre pudiera ver perfectamente. ¿Eres capaz de aceptar un milagro progresivo si eso es lo que Dios decide concederte?

Señor, te he pedido que ocurra un milagro y me encantaría que sucediera pronto. Pero, Tú sabes lo que me conviene. Si el milagro que necesito debe demorarse, me someteré a tu tiempo perfecto.

Soportar tiempos difíciles

...también nos gloriamos en las tribulaciones, sabiendo que la tribulación produce paciencia; y la paciencia, prueba; y la prueba, esperanza.

Romanos 5:3-4

Todos tenemos un límite pero, si aprendemos rápidamente que las cargas descomunales –nuestras pruebas y dificultades– están diseñadas no solamente para revelar de qué estamos hechos, sino para hacernos acceder a una fuerza divina que sobrepasa nuestra fortaleza natural, entonces seremos capaces de soportar cualquier cosa.

Oh, Señor, Tú puedes ver mi fuerza como lo que es: insignificante, insostenible e ineficaz bajo la carga que llevo en este momento. Debido a esto, me doy cuenta de que necesito dos milagros: no solo el que resolverá mi situación, sino un segundo milagro en mi corazón que le permita a tu poder divino infundirme una resistencia sobrenatural.

El clamor de cuatrocientos años

Dijo luego Jehová [a Moisés]: Bien he visto la aflicción de mi pueblo que está en Egipto, y he oído su clamor a causa de sus exactores; pues he conocido sus
angustias, y he descendido para librarlos de mano de
los egipcios...

ÉXODO 3:7-8

El pueblo de Dios estaba bajo el yugo de la esclavitud
bajo la mano cruel de sus amos egipcios. Aunque cla-
maban a Dios, parecía no haber respuesta. Pero Dios
había escuchado su clamor. Dios estaba preparando
a *su* Moisés para una próxima serie de milagros que
darían la libertad al pueblo oprimido.

Dios, sabes cuánto me angustia esta situación
que no me deja disfrutar la vida de gozo que tan desesperadamente deseo. Si estás preparando a un Moisés para traerme una respuesta, envíalo (o envíala)
pronto. Si el milagro no incluye a un Moisés, de todas
formas confío en que estás preparando un milagro
para mí.

En Cristo

Bendito sea el Dios y Padre de nuestro Señor Jesucristo, que nos bendijo con toda bendición espiritual en los lugares celestiales en Cristo...

EFESIOS 1:3

¿Dónde podemos encontrar nuestras bendiciones espirituales tanto en los buenos tiempos como en los malos? Todas ellas se encuentran en Cristo. Recurre a Él para satisfacer cada una de tus necesidades mientras oras por el milagro que necesitas.

Padre, gracias por darme gratuitamente todo lo que necesito en Cristo. No solo es mi Salvador, sino que a través de Él recibo todo lo que preciso mientras espero la solución milagrosa a mis dificultades.

Mientras escudriño las Escrituras para descubrir más riquezas en Cristo, que tu Espíritu me dé indicios que me ayuden a reconocer cuando esté ante una fuente fresca de tu Palabra.

Reinar en vida

Pues si por la transgresión de uno solo reinó la muerte, mucho más reinarán en vida por uno solo, Jesucristo, los que reciben la abundancia de la gracia y del don de la justicia.

ROMANOS 5:17

Estamos llamados a "reinar en vida". Sin embargo, cuando empiezan a aparecer problemas, es difícil imaginarnos reinando sobre las circunstancias adversas o la determinación de aquellas personas que trastornan nuestra existencia. Es ahí cuando más *tenemos* que reinar en vida; nos hace falta, desesperadamente, ser vencedores en nuestras oraciones.

Padre, en mis circunstancias actuales, lejos de reinar en vida, tal como nos anima a hacerlo tu Palabra, estoy sucumbiendo bajo la carga apilada sobre mí. Así que, Señor, dame el poder para salir de debajo de este peso y, a través de la oración poderosa y la fe fortalecida, escalar la cima, donde podré nuevamente reinar en la vida.

Gratitud

Así que, recibiendo nosotros un reino inconmovible, tengamos gratitud, y mediante ella sirvamos a Dios agradándole con temor y reverencia...

HEBREOS 12:28

Expresarle nuestra gratitud a Dios puede ser difícil cuando la adversidad nos rodea, no vemos muchas razones para agradecer. Y aun así, Dios nos llama a ser un pueblo agradecido, incluso en medio de la adversidad. La gratitud es la vía rápida que nos lleva a reconocer más bendiciones y a recibir el milagro que necesitamos.

Señor, perdóname por mi falta de gratitud. Sé que tengo mucho por lo cual estar agradecido... Así que te doy gracias por la vida misma. Te alabo por la vida eterna que ha de venir. Te rindo honor por tu presencia en mi vida ahora mismo, este mismo día, en esta circunstancia adversa. Estoy agradecido por el hecho de que has preparado un milagro específicamente para mí. Llevarás a cabo tu perfecta voluntad y un día me librarás de las dificultades presentes. Espero en ti, Padre.

Evitar a toda costa los pensamientos (y palabras) negativos

> No lo que entra en la boca contamina al hombre; mas lo que sale de la boca, esto contamina al hombre.
>
> MATEO 15:11

La fe no puede sobrevivir por mucho tiempo cuando es alimentada con ideas nocivas. Cuando sientas la tentación de pensar o hablar negativamente acerca de tus tribulaciones, trata por todos los medios de que se imponga tu enfoque en la fidelidad de Dios. Alimenta tu fe. Deja morir de hambre a la duda.

Señor, las dudas me asaltan con extrema facilidad. En ocasiones, me preocupo por mi situación e incluso imagino que empeorará en vez de mejorar. Entonces, le cedo mi voz a los pensamientos negativos.

Padre, ayúdame al escudriñar tu Palabra a encontrar promesas que edifiquen mi fe y nutran mis pensamientos. Que las palabras que salgan de mi boca expresen una fe positiva en tu poder para transformar mis circunstancias.

Si cuentas con Dios, no necesitas nada más

*Mi Dios, pues, suplirá todo lo que os falta conforme a sus
riquezas en gloria en Cristo Jesús.*

FILIPENSES 4:19

Si le perteneces a Dios, entonces cuentas con un proveedor que te da todo lo que necesitas. Sin embargo,
debes caminar por fe, "no por vista" (2 Corintios 5:7).
Confía en que Él va a satisfacer cada una de tus necesidades: incluso aquello que más te preocupa en este
momento. *Él puede con esto.*

Señor, más allá de lo que *no* tengo, *te tengo* a ti. Y
es suficiente contigo, Padre. Gracias por lo que haces para proveerme. Gracias por estar pendiente de
esta aflicción que ahora me aqueja. Tu provisión es
suficiente. Concédeme la capacidad de ver tu abundancia. Permíteme observar cómo solucionas mi
aflicción presente. Señor, me deleito en tus riquezas,
las cuales puedo considerar mías, y participar de
ellas. ¡Alabo tu nombre, Padre!

La obra de Dios en ti

...estando persuadido de esto, que el que comenzó en vosotros la buena obra, la perfeccionará hasta el día de Jesucristo..

FILIPENSES 1:6

Cuando Dios se pone en acción, el único resultado posible es una obra culminada. Dios nunca comienza algo y lo deja sin terminar. Ahora mismo, quizá contemples tu situación y te preguntes de qué manera Dios podrá llevarla a feliz término. Sin embargo, debes confiar y esperar en Él.

Señor, sé, por medio de la fe, que la obra que comenzaste en mí continuará hasta "el día de Jesucristo". Ahora, mientras aguardo una solución divina a mi difícil condición, confío en que incluso esto es parte de la obra que debe realizarse. Oro para que de esta situación salga un buen fruto, a pesar de que no puedo verlo ahora. Padre, oro por ese día en el que pueda volver la vista atrás y darme cuenta de que fuiste bueno conmigo durante mis pruebas más difíciles.

Someterse a Dios

Someteos, pues, a Dios; resistid al diablo, y huirá de vosotros.

SANTIAGO 4:7

Una de las pocas cosas buenas que traen como resultado nuestras pruebas, es la forma en la que nos obligan a hacer a un lado nuestros limitados recursos para arrojarnos, en total abandono, a los brazos de Dios. Más pruebas significarán más dependencia de Dios. Mientas más severa la prueba, ejerceremos más nuestra fe y esta se fortalecerá todavía.

Padre, cada una de las pruebas que enfrento solo me recuerdan mis propias limitaciones. No puedo cambiar mis circunstancias actuales. No tengo la capacidad para realizar el milagro que necesito para resolver este embrollo. Sin embargo, al llegar al límite de mis capacidades, me encuentro gozoso de abandonarme a la abundancia de tus recursos. Derrama tu respuesta con gran poder, Señor. Muestra tu fuerza a favor de mi causa. Escucha hoy mi oración de total sometimiento a ti. Tú eres mi esperanza.

Caminar sobre el agua

Entonces le respondió Pedro, y dijo: Señor, si eres tú, manda que yo vaya a ti sobre las aguas. Y él dijo: Ven. Y descendiendo Pedro de la barca, andaba sobre las aguas para ir a Jesús.

MATEO 14:28-29

Estás llamado a caminar sobre el agua, al igual que Pedro. Jesús llamó a Pedro a caminar sobre el agua. Pedro obedeció, salió de la barca y dio algunos pasos en dirección al Maestro. Pero cuando dejó de mirar a Cristo y fijó su vista en las aguas, pudo sentir el viento y comenzó a hundirse. De ese mismo modo, también nosotros empezamos a hundirnos cuando ponemos la mirada en las aflicciones en vez de fijar la vista en Jesús, quien todavía nos dice: "Ven a mí".

Padre, permanecer en la barca durante esta tormenta parece mucho más seguro que salir a aventurarme en las aguas de la incertidumbre. Sin embargo, debido a mi situación actual, puedo escuchar que me llamas. Vengo a ti, Señor, sí, con algo de inquietud, pero con mi mirada puesta en ti. Extiende tu mano, Jesús. Mantenme firme.

Caminar por fe, no por vista

Jesús les habló, diciendo: Yo soy la luz del mundo; el que me sigue, no andará en tinieblas, sino que tendrá la luz de la vida.

JUAN 8:12

Cuando te encuentras sumido en la oscuridad total, es difícil hallar dirección a lo largo del sendero. De la misma manera ocurre en la vida espiritual. Si hoy estás andando en la oscuridad –viendo que no hay escapatoria de esta situación–, entonces enciende la luz de la fe y recorre la senda en paz.

Querido Señor, en ocasiones mi camino se ve tan oscuro. Tropiezo con obstáculos invisibles. No alcanzo a ver el sendero que está delante de mí. Por favor, Padre, ayúdame mientras aprendo a transitar este camino por fe y no por vista.

Solo a la luz de la fe puedo distinguir el camino que me resta, puedo ver la meta y continuar avanzando en dirección a ella. Señor, alumbra mi camino.

En tu debilidad

Y me ha dicho: Bástate mi gracia; porque mi poder se perfecciona en la debilidad.

Por tanto, de buena gana me gloriaré más bien en mis debilidades, para que repose sobre mí el poder de Cristo.

2 Corintios 12:9

Uno de los principios paradójicos del reino de Dios es que, cuando somos débiles, en realidad somos fuertes; cuando somos pobres, en realidad poseemos riquezas.

Permite que la debilidad se convierta en tu aliada, ya que te obliga a llenarte de la fuerza divina que Dios te brinda.

Oh, Señor, mi Dios, ¡qué débil soy! También soy pobre de muchas maneras. Estoy agradecido de que mi debilidad y pobreza sean, en realidad, vías de acceso a tu fuerza y tus riquezas. Señor, me glorío en mi debilidad al invitarte a que seas mi fortaleza. Conviértete en mi tesoro. Que mi vida desborde de tu presencia y poder.

La poderosa mano de Dios

Humillaos, pues, bajo la poderosa mano de Dios,
para que él os exalte cuando fuere tiempo...

1 Pedro 5:6

**Las manos de Dios son poderosas. Él puede mover
montañas, incluyendo la que estás enfrentando ahora
mismo. Confía en el poder de Dios –y solo en él–
para salir de este tiempo de dificultad.**

Oh, Señor, algunas veces olvido lo poderoso que eres.
Nada es demasiado difícil para ti. Tus brazos son po-
derosos y tu mano se extiende desde el cielo hasta
el interior de mi vida, en medio de su actual turbu-
lencia.

Tu mano, movida por tu amoroso corazón, me
brinda paz, restauración y sanidad. Padre, muestra
tu fuerza a favor mío. Haz el milagro que tan desesperadamente necesito. ¡Confío en tus poderosas manos!

Dios de lo imposible

He aquí que yo soy Jehová, Dios de toda carne; ¿habrá algo que sea difícil para mí?

JEREMÍAS 32:27

Un milagro es necesario únicamente si nos enfrentamos a lo imposible. Si podemos arreglar la situación por nuestros propios medios, no hay necesidad de que ocurra un milagro. Sin embargo, cuando se trata de lo imposible, Dios debe intervenir. Pues para Dios, nada –absolutamente *nada*– es imposible.

Padre Dios, tengo fe en que contigo nada es imposible. Esa palabra no existe en tu diccionario. Sin embargo, en el diccionario de mi situación actual, esa palabra está escrita con letras mayúsculas.

Sí, Señor, lo que estoy atravesando en este momento me parece un imposible. No hay método humano para arreglarlo. Pero *Tú*, Señor, eres capaz de crear las circunstancias, reunir a las personas adecuadas y propiciar el momento perfecto para resolver mi situación. Dios, permíteme verlo con mis propios ojos.

Orar con autoridad

Mas Pedro dijo: No tengo plata ni oro, pero lo que tengo te doy; en el nombre de Jesucristo de Nazaret, levántate y anda.

Y tomándole por la mano derecha le levantó; y al momento se le afirmaron los pies y tobillos; y saltando, se puso en pie y anduvo; y entró con ellos en el templo, andando, y saltando, y alabando a Dios.

HECHOS 3:6-8

Así como existen oraciones cortas –similares a las que encontramos en este libro– y plegarias extensas –que oramos cuando pasamos un tiempo más prolongado delante del Señor –, así igualmente hay súplicas que se originan en nuestra debilidad y oraciones que provienen de nuestra fortaleza en Cristo. Podemos, y a menudo *debemos*, orar con autoridad.

Señor, Tú me has dado una porción de autoridad como creyente en Cristo. Enséñame a ejercerla en oración de modo que pueda salir victorioso de mis propias circunstancias y ayudar a los demás a encontrar la libertad también. Que pueda entender que esa autoridad también conlleva santidad de vida.

Obedecer

...y al que sabe hacer lo bueno, y no lo hace, le
es pecado.

SANTIAGO 4:17

A menudo nos encontramos en dificultades porque
hicimos algo que no debíamos o dejamos de hacer
algo que nos correspondía. En cuanto a tu situación
actual, ¿hay algo que debas hacer que te ayude a so-
lucionarla? Quizá es algo que te intimida, pero sabes
que debes hacerlo. Si es así, entonces llévalo a cabo y
acelera de este modo el final de tu prueba.

Señor: ¿hay algo que deba hacer para ayudar a producir el milagro de restauración en mi vida? ¿Hay
alguien con quien debo hacer las paces? ¿Existe una
cuestión financiera no resuelta que debo aclarar?
¿Hay algún hábito que debo abandonar y que trae-
rá alivio a mi situación? Señor, quiero obedecerte en
todas las cosas. Si hay alguna desobediencia en mi
vida, por favor, muéstramela, y me ocuparé de ella
de inmediato.

No resbalarás

Él solamente es mi roca y mi salvación.
Es mi refugio, no resbalaré.

SALMOS 62:6

Cuando estamos sometidos a una prueba severa que requiere de un milagro, debemos ser resilientes. Debemos fortalecernos y permanecer fortalecidos. No tenemos que permitir que nada haga tambalear nuestra fe.

No permitas que la adversidad te haga resbalar de tu fe. ¡Persevera!

Señor, esto está llevando demasiado tiempo. Me siento conmocionado hasta lo más profundo de mi ser. Ayúdame, Padre, a ser imperturbable, sin importar cuánto tarde en resolverse esta situación. Utiliza este tiempo para ayudarme a echar raíces firmes que se conviertan en mi ancla en el terreno de la fe. Que me convierta en una persona que pueda soportar cualquier tormenta, a pesar de lo intensa que sea o de cuánto tiempo dure. Sí, Señor, hazme inconmovible.

Dar gracias en todo

Dad gracias en todo, porque esta es la voluntad de
Dios para con vosotros en Cristo Jesús.

1 Tesalonicenses 5:18

¿Acaso es posible dar gracias "en todo"? ¿Incluso en
esto?

Sí, incluso en esto. Te darás cuenta de que la gratitud en sí misma es su propia recompensa. No permitas que la amargura, el enojo o el desaliento sean las actitudes que te caracterizan. Conviértete en alguien agradecido y permanece agradecido, en *todo*.

Padre, Tú sabes cuán difícil puede ser darte gracias en *esta* situación. Pero sigo confiado en que me darás tu alivio. Me arrepiento de mi ingratitud y me propongo agradecerte ahora, de antemano, por el milagro que se avecina.

Cada vez que recaiga en la autoconmiseración o en algún otro estado de ánimo negativo, haz que mis pensamientos recurran a la gratitud como una mentalidad más productiva.

Deleitarse en el señor

Deléitate asimismo en Jehová,
y él te concederá las peticiones de tu corazón.

SALMOS 37:4

Deberíamos deleitarnos en Dios en todo momento. No solo por el gozo de hacerlo, sino por la promesa que conlleva: "... y él te concederá las peticiones de tu corazón". ¡Qué gran incentivo! Pero, por favor, no te regocijes en Dios solo por lo que te va a reportar. Deléitate en el Señor por quien Él es. El gozo resultante es como comer el postre luego de una sustanciosa comida.

Oh, Dios, ¡qué fácil es deleitarme en ti! Eres una verdadera fuente de gozo para mi corazón. Escucha mi alabanza cuando me acerco a ti con auténtico deleite y completamente maravillado por tu carácter, tu poder y tu amor infinito por mí.

Que deleitarme en ti se convierta en mi hábito cotidiano, iniciando cada mañana y conservando esa actitud hasta que me retire a dormir en la noche. Señor, ¡eres mi deleite! Aun en medio de mi situación, *me deleitaré* en ti, hoy y siempre.

¿Natural o sobrenatural?

Ya no bebas agua sola, sino usa un poco de vino por causa de tu estómago y de tus frecuentes enfermedades.

1 TIMOTEO 5:23, NBLA

Solemos pensar que un milagro es una acción sobrenatural de Dios en medio de una situación imposible. Y eso es verdad. Pero también es cierto que Dios, muchas veces, actúa en nuestras vidas empleando medios naturales.

De modo que no le pongas límites a la forma en la que Dios obrará en tu situación. Permítele actuar de forma sobrenatural o natural. Cualquiera de las dos puede ser un milagro.

Querido Señor, necesito tanto un milagro que no me importa si actúas de manera sobrenatural o si creas un remedio milagroso a través de medios naturales. Mantendré una mente abierta, Señor, contemplaré tu obra de la manera que elijas hacerla... y, en cualquier caso, te alabaré por ella.

No con ejército, ni con fuerza

Entonces [el ángel] respondió y me habló diciendo: Esta es palabra de Jehová a Zorobabel, que dice: No con ejército, ni con fuerza, sino con mi Espíritu, ha dicho Jehová de los ejércitos.

ZACARÍAS 4:6

Dios actúa por medio de su Espíritu, no con ejército ni con fuerza. Renuncia a toda esperanza de encontrar una solución usando tus propias fuerzas. Entrega el débil poder que posees para cambiar la situación. Confía en el Espíritu de Dios para conseguir lo que no puedes lograr por ti mismo.

Padre Dios: tu Espíritu puede hacer lo imposible. Yo no puedo. No tengo poder o fuerza alguna para resolver mi circunstancia actual. Señor, ven en mi ayuda como solo Tú puedes hacerlo. Muestra *tu* fuerza, desata *tu* poder. Obra a través de tu Espíritu para lograr algo grande aquí. Elimina los obstáculos. Rechaza todo intento del enemigo, o de una tercera persona, de emperorar la situación. ¡Actúa por medio de tu Espíritu, Señor!

Resistir al mal en todas sus formas

El temor del Señor es aborrecer el mal.

Proverbios 8:13, NBLA

Si existe algún elemento del mal en nuestra prueba, debemos oponerle resistencia. Hay un gran poder en resistirse. Muy a menudo, nos volvemos pasivos o simplemente ignoramos lo relacionado con el mal y cómo lidiar con él. El mal nunca debe tolerarse, y eliminar o resistir cualquier influencia que este tenga en nuestra crisis actual puede acelerar el milagro de la restauración.

Señor, alértame sobre cualquier elemento maligno presente en mi crisis. Ayúdame a mantenerme firme mientras me opongo a él con fuerza. Fortaléceme cuando eludo las influencias corruptas –ya sean poderes espirituales o personas malignas de carne y hueso– que siembran el caos en mi vida. Dame poder mediante las verdades extraídas de tu Palabra que me ayudarán a oponer resistencia. Recuérdame los versículos que hablan de mi armadura espiritual y de las armas que poseo para mi batalla.

Atesorar la respuesta de Dios

...y te daré los tesoros escondidos, y los secretos muy
guardados, para que sepas que yo soy Jehová, el Dios
de Israel, que te pongo nombre.

ISAÍAS 45:3

Dios no hace milagros solo por montar un espectáculo. Cada milagro tiene un propósito, de la misma forma que cada prueba tiene un fin deseado desde el punto de vista de Dios. Cuando llega la respuesta, Dios quiere que en el futuro recordemos que actuó a nuestro favor, que atesoremos el milagro que ha de venir. Después de todo, es Su regalo.

Dios, sabes que estoy tan necesitado de un milagro que, cuando este llegue, te alabaré y honraré. Estaré agradecido por siempre y atesoraré tu respuesta, sin importar cuál sea, pues le dará a mi prueba la resolución que deseas.

En mi corazón edificaré un monumento que me recuerde que, en este lugar y en este momento, mi Señor se manifestó y me concedió el milagro que necesitaba.

Transformar tu mente

> Poned la mira en las cosas de arriba, no en las de la tierra.
>
> COLOSENSES 3:2

Uno de los primeros pasos para experimentar un milagro es cambiar la mentalidad con que abordamos nuestra situación y también nuestra percepción de Dios y de lo que Él puede hacer por nosotros. Debemos creer que Dios está actuando en nuestra vida *todo el tiempo*. Él nunca *deja* de actuar. Cada circunstancia tiene un desenlace deseado desde Su punto de vista, que utiliza todas las cosas y no desperdicia nada.

Señor, mi situación me hace preocuparme por el desenlace de esta prueba. Parece que solo me concentro en la dificultad y no en tu solución. Ayúdame a cambiar mi mentalidad y darme cuenta de que, incluso en este tiempo difícil, estás actuando a mi favor. Tienes un final planeado a mi favor y debo concentrarme en él en vez de enfocarme en la crisis actual.

Padre, te suplico que uses esta difícil prueba para mi bien, lo cual se manifestará tarde o temprano.

Dios no se preocupa

¿Y quién de vosotros podrá, por mucho que se afane,
añadir a su estatura un codo?

MATEO 6:27

Debes saber que Dios no está preocupado por tu situación. No está sorprendido por la forma en la que las
cosas se han venido abajo, y puede ver lo que te espera. Lo que te pide ahora es que confíes –que *confíes plenamente*– en Él. Pon tu vida y tu situación al cuidado
de Dios y, luego, deja que permanezcan ahí.

Padre, me consuela saber que conoces el futuro. Tú
ya estás ahí, justo en el día que se resuelve mi situación. Puedes ver el desenlace perfecto de acuerdo
a tu plan.

Señor, aunque a ti no te preocupa lo que está por
venir, todavía hay días en los que yo sí me siento ansioso y lleno de incertidumbre. Ayúdame, Señor, a
dejar de lado mis preocupaciones..., a entregarte mi
ansiedad, sabiendo que Tú puedes manejarlo todo.
¡Alabo tu nombre!

"¿Por qué a mí?"

He aquí, aunque él me matare, en él esperaré...

Job 13:15

Puede ser que, durante nuestros días más oscuros, nos preguntemos: "¿Por qué me está pasando esto? ¿Es por algo que hice... o que no hice?". Es posible, incluso, que pongamos de ejemplo nuestras muestras previas de obediencia a Dios y declaremos: "¡No me merezco esta prueba!".

Es desconcertante cuando Dios no responde la pregunta del "¿Por qué a mí?". Y no la responde precisamente para que nos aproximemos a nuestras circunstancias por fe, no por vista.

Padre, he pensado preguntarte "¿Por qué a mí?". Si se me hubiera permitido planear la trayectoria de mi vida, yo hubiera evitado esta agonía. Sin embargo, en vez de eso, elegiste dejarme caminar por este oscuro sendero. Señor, dame la fuerza que necesito para dar cada paso. Ayúdame a superar la etapa del cuestionamiento acerca de mi prueba. Fortaléceme para que no pregunte más cuándo o cómo ocurrirá el milagro.

Y si no...

He aquí nuestro Dios a quien servimos puede librar-
nos del horno de fuego ardiendo; y de tu mano, oh
rey, nos librará. Y si no, sepas, oh rey, que no servire-
mos a tus dioses, ni tampoco adoraremos la estatua
que has levantado.

DANIEL 3:17-18

En el libro de Daniel, leemos que Sadrac, Mesac y
Abed Nego respondieron lo que dice el pasaje de hoy
cuando se les ordenó, bajo amenaza de ser arrojados
al horno de fuego, adorar al ídolo de oro colocado por
Nabucodonosor.

No escaparon del fuego pero, alabado sea Dios, no
estuvieron solos en esa prueba. Salieron ilesos de ahí,
de tal modo que ni siquiera olían a humo.

Contigo también hay otra persona en el horno. Tú
también puedes salir ileso, protegido por Dios.

Padre, esta prueba ciertamente es un horno de fuego. Sin embargo, puedo ver cómo enviaste a tu Hijo
al interior del horno con Sadrac, Mesac y Abed Nego
y los mantuviste con vida. Debo tener a Jesús a mi
lado hasta que salga del fuego.

La oración y las promesas de Dios

...plenamente convencido de que era también poderoso para hacer todo lo que había prometido...

ROMANOS 4:21

La forma en la que aprendemos a tener fe en Dios con respecto a nuestra prueba es considerando la Biblia como un recipiente de las promesas de Dios para su pueblo. Es por la fe en sus promesas que progresamos en la vida cristiana. ¿Qué promesa de la Palabra de Dios te sirve de ancla hoy? ¿Estás "plenamente convencido" de que Él puede cumplirla?

¡Qué asombroso, Dios! Tus promesas son el fundamento de mi vida. Diariamente vivo por tus promesas y, cuando deje el planeta tierra, tengo la promesa de que pasaré la eternidad a tu lado. ¡Eso es genial!

Señor, sabes muy bien cuándo necesito encontrar una promesa nueva sobre la cual apoyarme. Continúa revelándome tu Palabra y llena mi mente con las asombrosas promesas que se encuentran allí. Renueva mi mente –mi forma de pensar– con tu Palabra infalible.

Dios siempre se manifiesta

Conoce, pues, que Jehová tu Dios es Dios, Dios fiel, que guarda el pacto y la misericordia a los que le aman y guardan sus mandamientos, hasta mil generaciones...

DEUTERONOMIO 7:9

Por supuesto, Dios siempre se manifiesta. Y, si por primera vez en la historia no lo hiciera, entonces, es su responsabilidad. La fe es nuestra garantía de que Dios se va a manifestar. La fe en sus promesas siempre funciona... a la manera de Dios y a su tiempo.

Querido Señor, Tú nunca fallas. Siempre te manifiestas a favor de tu pueblo. No existe necesidad que no puedas satisfacer. Incluso suplir nuestras necesidades es algo que te deleita.

Padre, sé que no vas a abandonarme en mi situación actual. Por fe, sé que harás que ocurra tu milagro en tu propio tiempo. Hasta entonces, te ruego que este siga siendo una etapa que contribuya a edificar mi fe. No permitas que desperdicie un solo día en preocupaciones innecesarias.

A la oración le sigue la alabanza

A Jehová cantaré en mi vida;
a mi Dios cantaré salmos mientras viva.

SALMOS 104:33

El desafío que se les presenta a muchas personas es que sienten que *no pueden* alabar a Dios en sus circunstancias presentes. Ciertamente, cuando Dios "se manifieste" de la manera que esperan y su problema sea cosa del pasado, se regocijarán y lo alabarán hasta quedarse sin aliento. Hasta entonces, la alabanza parece algo difícil de realizar y, a menudo, se siente vacía. Pero el tiempo de alabarlo es *ahora*, en medio de tu adversidad.

Que hoy sea un "día de alabanza", mientras meditas en la intervención de Dios en tu problema.

Señor, primero que nada, oro por una solución para mi situación. Te agradezco por el milagro que pronto ocurrirá. Pero ahora elijo continuar, después de mi oración, con un tiempo de alabanza. No porque vas a realizar un milagro, sino simplemente porque te amo, sin importar cómo termine todo.

Poder de lo alto

Tu Dios ha ordenado tu fuerza;
confirma, oh Dios, lo que has hecho para nosotros.

SALMOS 68:28

¿Qué pasaría si la resolución milagrosa de Dios para tu situación no es eliminar tu prueba, sino suministrarte desde lo alto un poder que te permitiera vencer los obstáculos en tu camino? ¿Serías capaz de manejar esto? Sabemos que Dios nos da fuerza para cada batalla y también deberíamos saber que su fortaleza siempre dura más que la contienda.

Recibe poder de parte de Dios hoy. Empodérate.

Señor: ¡Invoco tu poder, con el cual actúas a nuestro favor! Revísteme de una fortaleza que sobrepasa mi fuerza natural. Que yo pueda mantenerme firme en tu poder al enfrentar a los gigantes en mi vida. Que tu poder sobrenatural perdure más allá de esta prueba y de todas las que se presenten en mi camino. Espíritu Santo, dame fortaleza. Habita en mí. Guíame. Empodérame.

Tus palabras importan

El hombre bueno, del buen tesoro de su corazón saca
lo bueno; y el hombre malo, del mal tesoro de su corazón saca lo malo; porque de la abundancia del corazón habla la boca.

Lucas 6:45

Cuando pasamos por una temporada difícil, a la espera de un milagro, no debemos permitir que nuestra
boca nos desafíe pronunciando palabras de duda y
negatividad en medio de una situación de por sí mala.
Pronuncia palabras de fe y positividad, no basadas en
la lógica, sino en tu confianza en Dios.

¡Decláralas!

Oh, Dios, debo cuidar lo que digo en todo momento.
No debo usar palabras de duda y negatividad en mi
vida. Ayúdame a recordar las promesas de tu Palabra para pronunciarlas durante mis situaciones difíciles. Haz que mi boca sea una fuente de bien y no
de mal ni de duda. Permite que mis palabras estén
alineadas con tu perfecta voluntad.

Boca mía: ¡habla la verdad y no la duda!

Darle la bienvenida a las pruebas

...tened por sumo gozo cuando os halléis en diversas pruebas, sabiendo que la prueba de vuestra fe produce paciencia.

Mas tenga la paciencia su obra completa, para que seáis perfectos y cabales, sin que os falte cosa alguna.

SANTIAGO 1:2-4

Cuando nos encontramos en nuestro peor momento, es difícil considerar la posibilidad de darle la bienvenida a una prueba difícil. Sin embargo, eso es lo que el apóstol Santiago nos pide que hagamos. La meta, por supuesto, es que mientras soportamos nuestras pruebas, aprendamos a perseverar.

Padre, me es difícil imaginar cómo esta situación puede traerme beneficio alguno. Y a pesar de ello, Señor, le doy la bienvenida a esta oportunidad de ver tu mano en acción lo mejor que puedo. Te pido que yo pueda aprender más acerca de la perseverancia a medida que la dificultad actual continúa desarrollándose y moviéndose hacia la resolución que tienes planeada.

Cuando es necesario esperar

Hubiera yo desmayado, si no creyese
que veré la bondad de Jehová
en la tierra de los vivientes.
Aguarda a Jehová;
esfuérzate, y aliéntese tu corazón;
sí, espera a Jehová.

SALMOS 27:13-14

Dios también realiza milagros lentamente. Él determina que cambien las circunstancias con el paso del tiempo. Y eso significa que hay que esperar. Es posible que digas: "Pero yo no tengo tiempo para un milagro lento. Mi situación requiere una solución imediata". Dios lo sabe, pero Él actúa según su propio sentido del tiempo, no del nuestro.

Padre, la espera es difícil. Mi calendario demanda un milagro rápido, una solución instantánea. El tuyo transcurre con más lentitud que el mío. Ayúdame a aceptar con paciencia la revelación paulatina de tu voluntad. Ayúdame a aceptar no solamente tu calendario, sino tu milagro en vez del mío.

Aceptar el milagro de Dios

Venga tu reino. Hágase tu voluntad,
como en el cielo, así también en la tierra.

MATEO 6:10

¿Seremos capaces de reconocer el milagro de Dios cuando ocurra? Tenemos nuestra propia idea del milagro, pero debemos estar alertas a las formas creativas que puede emplear Dios para realizarlo, y estar agradecidos cuando ocurra. Debemos querer que se haga su voluntad en la tierra. *Su* voluntad, no la nuestra.

Mantén la confianza, el milagro que necesitas está por suceder..., pero es posible que no se asemeje al que imaginaste.

Dame los ojos para ver, oh Señor, el momento en el que se realice el milagro que necesito. Permíteme hacer a un lado mis propias expectativas y ayúdame a entender que tu respuesta es la respuesta perfecta. Dame una paz que sobrepase mi entendimiento mientras espero para recibir tu milagro. Que una gran bendición surja de la desesperada situación actual.

Llamar

Pedid, y se os dará; buscad, y hallaréis; llamad, y se os abrirá. Porque todo aquel que pide, recibe; y el que busca, halla; y al que llama, se le abrirá.

MATEO 7:7-8

Para que Dios responda a nuestras oraciones, debemos llamar... y llamar... y llamar un poco más. Un golpe ligero y casual sobre la puerta no hace que ocurra el milagro. Es el llamado persistente el que logra que alguien que está durmiendo baje a darle pan a su vecino (véase Lucas 11:5-10). El milagro ocurre para aquellos que llaman, buscan y *hallan*.

Señor, ¿escuchas mi llamado? Vine a ti con urgencia y busco tu atención en mi situación desesperada. Padre, sé que escucharás el persistente llamado de tu hijo. Sé que abrirás la puerta y me darás pan. Escucharás y vendrás a mí y me acompañarás en este dilema.

Padre, no dejaré de llamar hasta que reciba tu respuesta.

El reloj de Dios

Mas yo en ti confío, oh Jehová;
digo: Tú eres mi Dios.
En tu mano están mis tiempos;
líbrame de la mano de mis enemigos
y de mis perseguidores.

SALMOS 31:14-15

¿A veces te preguntas si el reloj de Dios está descompuesto? ¿O quizá anda un poco atrasado? Pues no, el reloj de Dios siempre está en hora..., siempre está bien. Deja de mirar tu propio reloj y, en su lugar, concéntrate en el de Dios. Confía en su elección del momento oportuno.

Padre, algunas veces pienso que tu reloj se está atrasando. El mío dice que ya es hora de que mi situación tenga una solución inmediata. Pero mi reloj siempre se adelanta. Ayúdame, Señor, a esperar en ti. Ayúdame a mantener la vista puesta en tu reloj.

Que los minutos y las horas corran a tu velocidad. Ayúdame a entender tu elección del momento oportuno.

Orar por otros

...orando en todo tiempo con toda oración y súplica en el Espíritu, y velando en ello con toda perseverancia y súplica por todos los santos...

EFESIOS 6:18

Muchas otras personas tienen una copia de este mismo libro en sus manos. Cada una de ellas tiene un problema que, para ellas, es tan serio como lo es el tuyo para ti. ¿Me permites sugerirte que hagas una pausa y, en vez de pedir por el milagro que tú necesitas, ores por los otros lectores de este libro, dondequiera que se encuentren? Puedes estar seguro de que, cuando otros lean esta página, estarán orando por ti.

Señor, es propio de la naturaleza humana hacer que nuestros problemas siempre parezcan más grandes que las crisis que otros enfrentan. Hoy quiero poner delante de ti a los otros lectores de este libro. Por favor, Dios, concédeles rápidamente el milagro que necesitan. Consuélalos mientras esperan. Bendice su difícil situación.

Deja ya de buscar UNA solución

Jehová peleará por vosotros, y vosotros estaréis tranquilos.

ÉXODO 14:14

Cuanto estamos ante una situación imposible, la mayoría de nosotros trata de hallar una solución natural. Luego, cuando las circunstancias no se corresponden con nuestro plan, inventamos alguna otra forma en la que posiblemente se resuelva. Mientras tanto, podríamos habernos ahorrado toda esa angustia y gimnasia mental interrumpiendo nuestros propios esfuerzos para hallar una solución y, simplemente, esperando la respuesta de Dios: su milagro.

Padre, mi mente inventa demasiados planes y soluciones para mi problema aunque, en realidad, muy pocas veces funcionan. Por tanto, en vez de eso, Señor, voy a quedarme callado, dejaré de hacer malabares mentales y esperaré en ti para obtener una respuesta. Tu poder para diseñar respuestas a situaciones imposibles está por encima de mis escasas capacidades.

¿Qué puedes aprender?

Oirá el sabio, y aumentará el saber,

y el entendido adquirirá consejo...

Proverbios 1:5

En el centro de cada prueba –sin importar lo dura que sea– siempre hay algo que podemos descubrir, o quizá una lección, una bendición escondida.

Mientras oramos por el milagro que necesitamos, mantengamos los ojos abiertos en espera de algo bueno que resultará de nuestra aflicción, incluso cuando consista simplemente en aprender cuánto necesitamos confiar en Dios con respecto a todo.

Padre, es difícil imaginar que algo bueno pueda resultar de esta situación. No es posible que haya bendición en esta prueba... ¿o sí? De ser así, Señor, ayúdame a encontrarla. Abre mis ojos para ver la lección, para discernir la bendición escondida, para percibir cuán dependiente debo ser de ti. Padre, revela cuáles son tus intenciones para conmigo durante esta difícil temporada.

Su amor activo

Alabad al Dios de los cielos,
porque para siempre es su misericordia.

SALMOS 136:26

Uno de los milagros más grandes es el admirable e inquebrantable amor de Dios por nosotros. Es posible que dudemos de eso o lo percibamos con menos intensidad cuando nos adentramos en los oscuros bosques de la aflicción. Pero cada uno de nosotros debe saber que el amor de Dios por nosotros es profundo, inmutable y *activo*.

Dios, tu amor por mí es perfecto y eterno, es activo e incontenible.

Durante la presente aflicción, aunque no he dudado de tu amor, he dejado que se convierta en mero conocimiento en vez de ser una experiencia en mi vida.

Padre, que tu amor me envuelva hoy y apresure el milagro que tan desesperadamente necesito.

Dios, el gran dador

Toda buena dádiva y todo don perfecto desciende de
lo alto, del Padre de las luces, en el cual no hay mudanza, ni sombra de variación.

SANTIAGO 1:17

Dios es dadivoso, primero que todo, al final y siempre.
Entregó a su Hijo por nosotros. Diariamente, nos da la
vida. En la eternidad, nos da el cielo. En este momento, en medio de nuestro actual problema, debemos
creer que Él concede milagros cuando los necesitamos. Confía en Su naturaleza dadora, en la cual no
hay mudanza, variación o sombra de duda.

Padre, gracias por todo lo que me das: la vida, la familia, el pan de cada día, a tu Hijo y, al final de todo,
el cielo. Señor, también te agradezco de antemano
por el milagro que ya está por realizarse para remediar mi situación. Es tu regalo para mí.

Dios, Tú amas dar. Te agradezco por esta oportunidad de recibir un milagro tuyo. Te alabo, Señor,
por tu amor y tu naturaleza generosa.

La bendición de dar

Más bienaventurado es dar que recibir.

HECHOS 20:35

Así como Dios es dadivoso, nosotros también debemos actuar con generosidad. Uno de los fundamentos del mensaje cristiano es que "más bienaventurado es dar que recibir". Aun cuando queremos recibir cada vez que elevamos nuestras oraciones, también debemos estar interesados en dar con generosidad.

Padre, mientras espero mi milagro, me doy cuenta de que dar es más importante que recibir. Ayúdame a seguir tus pasos con mi generosidad. Que pueda mantener abiertos los ojos a las necesidades que me rodean. Si fuera remotamente posible, ayúdame a convertirme en el milagro que otra persona necesita. Indícame a quiénes les puedo dar para traer bendición a sus vidas.

Señor, que a medida que doy, las graves circunstancias que me aquejan se hagan más pequeñas comparadas con las múltiples formas en las que puedo bendecir a otros.

Llamar a los ancianos

¿Está alguno enfermo entre vosotros? Llame a los ancianos de la iglesia, y oren por él, ungiéndole con aceite en el nombre del Señor.

SANTIAGO 5:14

¿Cuentas con una buena iglesia como tu familia espiritual? ¿Tienes confianza en los ancianos de tu iglesia para contarles sobre tu necesidad actual? Dios estableció ancianos o líderes para dirigirnos, aconsejarnos, consolarnos y orar por nosotros. El milagro que necesitas puede llegar a través de un líder de ellos.

Oro por quienes participan en el liderazgo de mi iglesia. Dame el valor para incluirlos en mi búsqueda de un milagro. Luego, concédeles la compasión que se requiere para que un líder me pastoree durante este tiempo difícil.

Si ellos me ofrecen su consejo, Señor, te pido que sea motivado por tu Espíritu. Dame la sabiduría para discernir sus palabras y el valor para llevar a cabo lo que ellos me indiquen.

Donde están dos o tres congregados

...si dos de vosotros se pusieren de acuerdo en la tierra acerca de cualquiera cosa que pidieren, les será hecho por mi Padre que está en los cielos.

Porque donde están dos o tres congregados en mi nombre, allí estoy yo en medio de ellos.

MATEO 18:19-20

Nadie debería llevar una carga pesada sin ayuda. ¿Cuentas con otras personas que se unan a ti en oración? ¿Los mantienes informados acerca de los cambios en tu situación? Dios enviará guerreros para estar a tu lado si así lo pides.

Padre, aunque hay poder en la oración de una persona, Tú nos animas a orar en grupos: quieres que te busquemos tanto juntos como de manera individual. Señor, no puedo llevar esta carga solo, así que oro en este momento por tener al menos otras dos o tres personas en las que pueda confiar. Luego, mientras lo comparto con ellos, te pido que comprendan por completo mi carga y la lleven como si fuera la suya propia.

A la luz de la eternidad

Bendito sea Jehová, el Dios de Israel,
por los siglos de los siglos.

SALMOS 41:13

No hay duda alguna: nuestros problemas son importantes. Son capaces, incluso, de alterar nuestras vidas. Sin embargo, sin importar cuán estremecedores sean, tarde o temprano palidecen a la luz de la eternidad. En ocasiones, ayuda recordar esto. Es probable que, en solo algunos años, la situación por la que estamos pasando sea un recuerdo: el recuerdo de la ocasión en la que Dios se manifestó a nuestro favor.

Oh, Señor, el problema que me aqueja en este momento parece una enorme roca en el sendero que es la travesía de mi vida. A pesar de eso, me doy cuenta de que un día dejará de existir. Tú le darás un desenlace perfecto a mi situación.

Ayúdame a mantener la vista en los aspectos inmutables y eternos de tu reino.

La presencia del señor

Cercano está Jehová a todos los que le invocan,
a todos los que le invocan de veras.

SALMOS 145:18

En ocasiones, en medio de nuestro dolor, no somos capaces de distinguir la presencia del Señor. Le preguntamos: "Dios, ¿dónde estás?". Sin embargo, su presencia siempre está con nosotros, incluso en nuestros días más oscuros. Él está contigo hoy –ahora mismo–, ahí donde te encuentras. Siéntete reconfortado.

Querido Padre, gracias por estar *aquí*. Gracias por prometerme que nunca me dejarás solo. Me refugio en tu presencia. Me escondo debajo de tus alas. Dios, me apoyo firmemente en ti. Dame una conciencia renovada de tu permanente cercanía. Que tu presencia me brinde no solamente consuelo, sino también valentía para enfrentar los días que tengo por delante, y fortaleza para soportar hasta que tenga lugar el milagro.

En retrospectiva

Acuérdate que fuiste siervo en tierra de Egipto, y que Jehová tu Dios te sacó de allá con mano fuerte y brazo extendido...

DEUTERONOMIO 5:15

Durante nuestros días más difíciles, puede ayudarnos volver la vista atrás y reflexionar acerca de nuestras pruebas pasadas. ¿Quedaron resueltas? ¿Acaso Dios no les puso punto final? Quizá en ese momento no veíamos salida..., pero a pesar de ello, Dios trajo una solución y, finalmente, salimos del túnel. ¿Por qué, entonces, no se manifestaría nuevamente a nuestro favor? Por supuesto que lo hará.

Señor, ¡puedo ser tan miope! Olvido con demasiada facilidad tu presencia previa en mi vida y en mis pruebas. Aun así, siempre te has manifestado a mi favor de la forma en que más te agradó hacerlo. Así que, Padre, ahora que estoy otra vez dentro de un oscuro túnel, celebro tus victorias pasadas y espero tu triunfo al final de este túnel en el presente.

Quebrantos

Cercano está Jehová a los quebrantados de corazón;
y salva a los contritos de espíritu.

SALMOS 34:18

El término japonés *kintsugi* se refiere a la antigua práctica de reparar una pieza de cerámica rota, utilizando laca combinada con un metal precioso como el oro, para unir los fragmentos. El resultado es un recipiente más fuerte y hermoso.

En nuestra situación actual, considerémonos recipientes rotos que necesitan un milagro de reparación y que son enviados al artista del *kintsugi*: Dios. Él hace de lo quebrantado algo aún más bello que la creación original.

Señor, esta crisis me ha quebrantado de muchas formas. ¿Podrías tomar los fragmentos de mi vida y realizar un milagro de restauración? ¿Podrías reunir mis piezas nuevamente y pegarlas con oro precioso forjado por ti? Oh, Dios, ser moldeado nuevamente por ti es mi único deseo al enfrentarme a un futuro incierto. Señor, hazme un vaso tuyo, moldeado con oro puro.

"Dios, ¿por qué permitiste que esto ocurriera?"

Y bendijo Jehová el postrer estado de Job más que el primero...

JOB 42:12

Quién de nosotros, durante nuestros días más sombríos, no ha preguntado: "Dios, ¿por qué?". ¿Cómo es posible que permitas que esto ocurra? ¿De qué manera se puede resolver? Estos son cuestionamientos naturales; pregúntale a Job. Pero cuando le preguntes, recuerda cuál es el final de su historia: "Y bendijo Jehová el postrer estado de Job más que el primero".

Oh, Señor, no sé por qué está ocurriendo este horrible desastre. Pero, me doy cuenta de que Job no tenía la más remota idea de lo que estaba sucediendo tras bambalinas mientras una serie de tragedias le ocurrían.

Dios, *ayúdame* a creer. Ayúdame a saber por fe que están ocurriendo cosas respecto a esta situación. Confío en ti..., el Dios que restaura, el Dios de Job.

"Ojalá..."

...pero una cosa hago: olvidando ciertamente lo que queda atrás, y extendiéndome a lo que está delante, prosigo a la meta, al premio del supremo llamamiento de Dios en Cristo Jesús.

FILIPENSES 3:13-14

Existe una frase que, cuando se escucha como un susurro en nuestro oído, casi siempre proviene del enemigo de nuestra alma. La frase comienza con las palabras "Ojalá...". Por ejemplo ejemplo: "Ojalá no hubiera_____". Tú puedes llenar el espacio en blanco.

Lo que "ojalá hubieras hecho" ya no tiene importancia. Lo que importa ahora es que necesitas la intervención de Dios. Ese es tu nuevo enfoque.

Señor, ayúdame a superar el síndrome del "oja-lá". Ayúdame a darme cuenta de que esos pensa-mientos son un laberinto sin salida. En su lugar, Señor, ayúda-me a enfocarme en el futuro, no en el pasado. Dame la solución, el milagro que silenciará por siempre cual-quier "ojalá" en mi vida. Oye mi ora-ción, mientras prosigo hacia la meta de tu supremo llamamiento.

Libros que edifican la fe

Trae, cuando vengas, el capote que dejé
en Troas en casa de Carpo, y los libros,
mayormente los pergaminos.

2 TIMOTEO 4:13

Muchos excelentes autores cristianos han escrito libros que pueden ayudarte a edificar tu fe en los milagros. Uno de los más asombrosos es *El refugio secreto*, de Corrie ten Boom. Imagina haber sido prisionero en un campo de concentración nazi. Imagina a Corrie orando por el milagro que, finalmente, le daría la libertad y la posibilidad de viajar por el mundo, llevando con ella el Evangelio y la historia del milagro que Dios le concedió.

Dios, pienso en Corrie ten Boom cuando estaba en el punto más bajo de su vida; sin embargo, Tú ya tenías un plan determinado que ella no podía ver, el cual solo podría ser denominado como *un milagro*. Señor, fuiste un padre para Corrie y para muchos otros.

Hoy oro para que Tú, *mi* Padre, me concedas el milagro que necesito en mi vida.

La forma en la que el sufrimiento nos transforma

Antes de sufrir, yo andaba descarriado;
pero ahora obedezco tu palabra.

SALMOS 119:67, RVC

Nótese la forma en la que el salmista hace una comparación entre su comportamiento antes y después de haber padecido sufrimientos. Tu presente necesidad te transformará, no cabe duda. Permite que el cambio sea para tu bien, dado que esa es la meta de Dios con esta prueba. Deja que se realice totalmente la obra de Dios en tu vida, incluso mientras soportas el dolor de la espera. Tu día va a llegar.

Señor, sé que usas las pruebas y aflicciones para transformarnos. Puedo ver cómo el cambio en mí podría ser bueno o malo, dependiendo de cómo lo maneje. Puede ser que me vuelva amargado y desanimado mientras sigo esperando tu respuesta. Oro para que esto no ocurra. Por favor, mantén tu mano sobre mí. Haz que continúe deleitándome en ti, aun en los días más difíciles.

El borde de su manto

Y mientras iba, la multitud le oprimía. Pero una mujer que padecía de flujo de sangre desde hacía doce años, y que había gastado en médicos todo cuanto tenía, y por ninguno había podido ser curada, se le acercó por detrás y tocó el borde de su manto; y al instante se detuvo el flujo de su sangre.

LUCAS 8:42–44

¿Cuánto de Jesús debía tocar esta mujer para recibir el milagro que necesitaba? No mucho, de hecho: solo el borde de su manto. Pero el secreto de su sanación es que lo hizo con fe.

¿Tocarás el borde de su manto hoy, hablando en términos espirituales? En otras palabras, ¿elevarás tus oraciones, sabiendo que Él escucha cada una de tus palabras?

Oh, Señor, Tú puedes ver la cantidad de fe que poseo. En ocasiones, parece mucha; otros días, no tanto. Pero mientras estás por aquí hoy, Señor, elevo mi oración y simplemente toco el borde de tu manto. Aunque, apenas percibas lo ligero de mi toque, con toda seguridad escucharás el ruego de mi corazón.

Cuando Dios dice "no"

El corazón del hombre piensa su camino;
mas Jehová endereza sus pasos.

PROVERBIOS 16:9

Todos hemos orado y recibido una respuesta negativa, y a menudo cuestionamos la razón por la que Dios nos dijo que "no" pero cuando Dios se niega a satisfacer nuestro ruego, solamente es un "no" a la resolución que *nosotros* queremos.

Cuando le dice que "no" a tu plan *B*, realmente le está diciendo que "sí" a su plan *A*, el cual es muchísimo mejor que nuestro endeble plan.

> Señor, detesto recibir un "no" a mi oración específica, pero cuando así sea, por favor, ayúdame a creer que realmente se trata de un sí a algo muchísimo mejor. Las rutas zigzagueantes que me haces recorrer siempre están dirigidas al destino que has escogido para mi vida. Mis líneas aparentemente rectas de múltiples "sí" solo me conducirían a un lugar en el que Tú sabes que, en última instancia, yo sería infeliz.

Enfoque en el futuro

Jehová cumplirá su propósito en mí;
tu misericordia, oh Jehová, es para siempre;
no desampares la obra de tus manos.

SALMOS 138:8

Tienes un futuro luego de este sufrimiento. Incluso si la mala salud te amenaza, tienes un destino eterno en el cielo. Durante esta temporada difícil, te renovará el visualizar cuál será tu futuro cuando la adversidad termine, después de que Dios te haya concedido el milagro que resolverá la situación. Piensa en ello. Ora por ello. Agradécele a Dios por el futuro que ha planeado.

Oh, Señor, gracias por el futuro que has planeado para mí. Sé que habrá pruebas adicionales, pero por el momento, dejo de lado mis preocupaciones y miro hacia delante.

Padre, concédeme un milagro en tu tiempo perfecto, pero oro para que sea pronto. Anhelo ser parte de un futuro en el que todas estas dificultades presentes hayan quedado atrás.

Sabiduría

Sabiduría ante todo: adquiere sabiduría;
y sobre todas tus posesiones adquiere inteligencia.

PROVERBIOS 4:7

¿Cómo se adquiere sabiduría? La sabiduría proviene de la experiencia bien manejada... o también, de la mal manejada. Las pruebas tienen el propósito de enseñarnos a vivir correctamente, a responder con fe y resiliencia. Cada situación complicada en la que nos encontramos nos ofrece una oportunidad de aplicar –o adquirir– sabiduría.

Padre, Tú me aconsejas que aprecie mucho la sabiduría y yo sigo tu consejo. La crisis presente, con toda seguridad, trae alguna lección incluida en algún lugar. Oro para que me muestres cómo adquirir la sabiduría que está escondida en este tiempo de adversidad.

Señor, abre mis ojos. Aumenta mi sabiduría. Ayúdame a aprender la lección asociada a este infortunio, de modo que pueda beneficiarme cuando se presenten futuras adversidades.

El temor del señor

El temor de Jehová es el principio de la sabiduría...

PROVERBIOS 9:10

Es interesante que, siendo el temor del Señor el principio de la sabiduría, escuchemos muy poco acerca de ello hoy en día. Hemos llegado a asumir que ese temor es sinónimo de *asombro*, pero es mucho más que eso. Cuando necesitamos un milagro, estamos en el momento preciso de nuestras vidas para realmente "entender" el temor del Señor. Nos damos cuenta de cuán impotentes somos y cuán poderoso es Él. Padre Dios, debido a que necesito sabiduría con desesperación, no solo confío en ti, sino que también te temo. Sí, mi temor incluye admiración y asombro, pero también la necesidad de arrojarme, en total entrega, a tus pies.

Señor, escucha mi oración pidiendo sabiduría. Enséñame a temerte de la manera correcta, a amarte de manera más perfecta, a aprender de ti con más disposición.

El espacio para estacionarse

Me acordaré de las obras de JAH;
sí, haré yo memoria de tus maravillas antiguas.

SALMOS 77:11

Si Dios te concediera un milagro hoy, ¿te olvidarías de Él mañana? Hay una vieja broma acerca del hombre que desesperadamente quería encontrar un espacio para estacionar su automóvil. Hizo una oración: "Señor, si dejas libre un espacio para estacionar, te entregaré mi dinero, mi tiempo, mi vida". Justo en ese momento, un automóvil se movió para dejar libre un espacio. De inmediato, el hombre cambió su oración: "Oh, olvídalo, Señor. Ya encontré uno". Sin duda, es una exageración de nuestra respuesta, pero hay que reconocerlo: la necesidad de un milagro nos mantiene enfocados en Dios.

Señor, si algo bueno ha surgido de esta crisis, es que me ha obligado a depender de ti, a clamar a ti, a confiar en ti. Cuando se conceda el milagro que preciso, Padre, no cejaré en mi devoción a ti.

Un milagro o la voluntad de Dios ¿Qué deseas más?

Acercaos a Dios, y él se acercará a vosotros.

SANTIAGO 4:8

Cuando necesitamos un milagro, nuestro corazón queda verdaderamente expuesto. Es posible que nos preguntemos qué es lo que más deseamos: el milagro que necesitamos o la perfecta voluntad de Dios. Asegúrate de que el primer propósito de tu plegaria sea buscar la voluntad de Dios y luego ora por el milagro correspondiente.

Señor, aunque oro constantemente por el milagro que necesito, por favor, quiero que sepas que, aún más que eso, deseo que Tú y tu voluntad sean la solución para mi situación.

La necesidad presente ha hecho que me acerque a ti y por ello estoy agradecido. Oro para que el milagro que me envíes no solo satisfaga mi necesidad, sino que también sea parte de tu perfecta voluntad.

Reclamen la promesa

...nos ha dado preciosas y grandísimas promesas, para que por ellas llegaseis a ser participantes de la naturaleza divina, habiendo huido de la corrupción que hay en el mundo a causa de la concupiscencia...

2 PEDRO 1:4

No es suficiente que Dios nos otorgue sus promesas, si no las reclamamos por medio de la fe.

El cristiano sabio aprende a vivir cada uno de los días de su vida según las promesas de Dios. En esencia: Dios ha hecho promesas, pero nosotros debemos reclamarlas.

Dios, ¡gracias por tus múltiples y preciosas promesas! Gracias por lo que significan para *mí* (y para cada cristiano que vivirá afirmado en ellas). Muéstrame en tu Palabra las promesas apropiadas para mi necesidad actual. Escúchame cuando te las reclame fielmente en mi situación desesperada.

Que mi fe esté anclada en cada promesa que me has hecho. Que tu fidelidad para conmigo se revele a medida que cada una de ellas se cumpla.

El desvío planeado por Dios

Y sabemos que a los que aman a Dios, todas las cosas les ayudan a bien, esto es, a los que conforme a su propósito son llamados.

ROMANOS 8:28

Todos hemos seguido un camino que asumimos que conduciría al destino anhelado; en cambio, sobre la marcha, encontramos un desvío inesperado que nos obliga a dar un rodeo. La vida es así. Dios ve dónde estamos ahora y también, nuestro destino final. Pero también puede ver el peligro en la carretera que consideramos la ruta más directa y segura. Así que, en su fidelidad, Él decide que haya una desviación en el camino. El milagro ocurrirá, pero, algunas veces, debemos soportar primero el recorrido por la desviación en el camino.

Señor, ¿este dilema que enfrento actualmente es un desvío en el camino determinado por ti? Si es así, oraré durante el recorrido a través de cada milla de este viaje inesperado. Confío en que el rodeo que planeaste por ti me lleve con seguridad hasta mi destino.

Confiar y obedecer

Si ustedes quieren y me hacen caso,
comerán de lo mejor de la tierra.

Isaías 1:19, RVC

La obediencia a Dios es un ingrediente clave para el éxito de la vida cristiana. Muchas de nuestras pruebas son causadas por nosotros mismos porque, de algún modo, nos hemos embarcado en un esfuerzo o relación que no cuenta con la aprobación de Dios. Aun si nuestra prueba no es el resultado de ningún acto de desobediencia, podemos hallar el milagro que necesitamos simplemente permaneciendo en el sendero de la confianza y la obediencia al Señor. Como dice el tema de un viejo himno: "No hay otro camino".

Padre, soy tu hijo. Como tu hijo, deseo obedecerte como a un padre. Ayúdame a descubrir cualquier acto o actitud de desobediencia en mi vida. Si algo que hice requiere resarcimiento, también muéstramelo. Ayúdame a estar atento para permanecer en el sendero de la obediencia en los días que tengo por delante.

Reponer la pasta dental

Tú, que me has hecho ver muchas angustias y males, volverás a darme vida, y de nuevo me levantarás de los abismos de la tierra.

SALMOS 71:20

¿Conoces el viejo dicho acerca de que es imposible volver a poner la pasta dental en su tubo una vez que sale de ahí? Eso describe también nuestros tiempos de dificultad. Quizá tu situación actual se trata de algo que no puede ser "devuelto al tubo".

La buena noticia es que no estamos llamados a colocar la pasta dental nuevamente dentro del tubo. Dios está bien consciente de ello. Él es el único que puede tomar nuestra adversidad y hacer que se convierta, inesperadamente, en algo que nos beneficie.

Querido Dios, Tú puedes ver cómo se inició esta situación. Tú sabes de quién es la culpa o, incluso, si no es culpa de nadie: el hecho es que la pasta dental está ahora fuera del tubo. Pero ahora, Señor, no puedo arreglar las cosas por mi mismo. Necesito que obres un milagro y transformes esta adversidad en algo que resulte en mi propio bien.

Emanuel: Dios con nosotros

He aquí, una virgen concebirá y dará a luz un hijo,
y llamarás su nombre Emanuel, que traducido es:
Dios con nosotros.

MATEO 1:23

**¿Acaso no es grandioso saber que nuestro Dios no
está lejos, observándolo todo a distancia, sino que está aquí, con nosotros, en nuestro día de aflicción?
Puedes estar tranquilo. Él está aquí.**

Oh, Señor Emanuel, gracias por tu presencia. Gracias, porque no tengo que invocarte desde la distancia ni intentar simular que escuchas mis ruegos.
Tú simplemente me *escuchas* porque estás conmigo.
Gracias, porque puedo contar con tu presencia para
consolarme, animarme y ayudarme.

Señor, guíame hoy. Si debo tomar una decisión
que influya en mi situación, ayúdame a tomar la
decisión *correcta*. Muéstrame, a través de las circunstancias, de las palabras de otra persona o, simplemente, de la intuición que nos permite *saberlo*,
que esta es la forma correcta de proceder.

Aun antes de hablar

Y orando, no uséis vanas repeticiones, como los gentiles, que piensan que por su palabrería serán oídos.

No os hagáis, pues, semejantes a ellos; porque vuestro Padre sabe de qué cosas tenéis necesidad, antes que vosotros le pidáis.

MATEO 6:7-8

Si la oración no fuera lo suficientemente extraordinaria, ¡resulta que servimos a un Dios que conoce nuestras plegarias aun antes de que las pronunciemos! ¿Acaso eso no es algo espectacular? Podemos, por tanto, tener la confianza de su conocimiento anticipado de nuestras peticiones. Ora, con confianza.

Padre Dios, me maravilla el hecho de que conozcas mis oraciones aun antes de que las pronuncie. Parece como si pudieras leer mi corazón. Tú sabes lo que necesito aun antes de que *yo* mismo lo sepa. Por eso, encontrarás la forma de responder precisamente con la solución correcta, alineada con tu perfecta voluntad.

Meditar en las escrituras

En tus mandamientos meditaré;
consideraré tus caminos.

SALMOS 119:15

En las Escrituras, contamos con el ánimo de parte de Dios para edificar nuestra fe. La Palabra de Dios tiene recursos para sostenernos.

Ubica una promesa o un versículo de aliento y apréndetelo de memoria. Pero no te detengas ahí. Memorizar no es meditar. Tómate tu tiempo para recorrer lentamente ese versículo. Considera su significado. Permite que se convierta en tu alimento espiritual.

Padre, gracias por tu Palabra. No solamente me encanta leerla, sino que la atesoro en mi corazón. Me la apropio a través de la meditación. Permite, Señor, que limpie mi corazón, elimine mis dudas y tranquilice mis temores mientras asimilo tu Palabra. Dios, háblame en lo profundo de mi corazón a través de la meditación en las Escrituras. Guárdame en perfecta paz al mantener mi mente fija en ti y no en mis circunstancias.

Sabiduría de lo alto

Pero la sabiduría que es de lo alto es primeramente pura, después pacífica, amable, benigna, llena de misericordia y de buenos frutos, sin incertidumbre ni hipocresía.

SANTIAGO 3:17

Es posible que el milagro que necesitamos provenga, sencillamente, de tomar decisiones sabias que pondrán fin a nuestra prueba. Dios es compasivo. Nunca temas pedirle sabiduría para saber qué hacer o cómo reaccionar. Dios está ansioso por brindártela y eso hasta podría ser el mismísimo milagro que necesitas.

Padre, me has invitado a pedirte sabiduría, así que vengo a ti ahora, buscando más que solo sabiduría humana, que a menudo se te opone. Dios, concédeme el hambre de pedirla, la disposición para recibirla y la audacia para actuar conforme a la sabiduría que me otorgarás. Señor, si ese es el milagro que necesito, entonces eso te pido ahora en el nombre de Jesús.

¿Milagro o coincidencia?

Busca el escarnecedor la sabiduría y no la halla;
mas al hombre entendido la sabiduría le es fácil.

PROVERBIOS 14:6

Cuando ocurra el milagro que necesitas, los escépticos te dirán que se trató solo de una coincidencia. Tu respuesta debe ser la siguiente: "Todo lo que sé es que, mientras más oro, ¡más coincidencias ocurren!".

Incluso ahora, antes de que seas testigo del milagro, los burlones pueden tratar de instigar la duda en tu mente. No los escuches. Este milagro es para ti.

Padre, tus respuestas a mis oraciones les parecen coincidencias a otros, pero para mí, todavía son milagros obrados por tu mano. Y así es: mientras más oro, más milagros veo.

Señor, nunca permitas que dé por sentado tu obra en mi vida. Estoy agradecido por tus respuestas a mis oraciones. ¡Que sigan ocurriendo "coincidencias"!

Perdonar y orar

Y cuando estéis orando, perdonad, si tenéis algo contra alguno, para que también vuestro Padre que está en los cielos os perdone a vosotros vuestras ofensas.

MARCOS 11:25

Hay solo unos cuantos pasajes en la Biblia donde se dan razones por las que una oración no es respondida. El pecado es una de ellas (1 Pedro 3:12). Otra más es la falta de fe (Mateo 13:58). Y otra importante es la falta de perdón. Si hay alguien con quien no estés en paz y a quien debas perdonar (o de quien debas recibir el perdón), procede ahora mismo sin dudar.

Dios, trato de mantener mis cuentas al día. Perdono tan pronto como la ofensa viene, oro para que si hay alguien a quien debo perdonar para aliviar tensiones, por favor, traigas a mi mente a esa persona. Si no puedo perdonarla personalmente, que al menos pueda hacerlo sinceramente en mi corazón.

Si hay alguien a quien he ofendido y debo pedirle perdón, trae a mi mente a esa persona también.

Hacer lo debido

Mirad, pues, con diligencia cómo andéis,
no como necios sino como sabios...

EFESIOS 5:15

En casi todas las crisis, siempre hay algo que será necesario hacer. Si ese es el caso con tu situación, planea en oración cómo hacer lo que es debido, confiando en que Dios dirigirá cada uno de tus pasos. Tu disposición para actuar puede acelerar el milagro.

Querido Señor, en medio de una situación difícil, a menudo me paraliza la aparente enormidad de todo. Ayúdame a aprender a avanzar, dándome el valor necesario. Muéstrame exactamente cuál es el siguiente paso que debo dar en el camino para resolver mi presente dificultad. Y cuando no haya absolutamente nada que hacer, ayúdame a relajarme y esperar tus instrucciones para el siguiente paso. No me dejes ser ni precipitado ni haragán al poner mi mano en el arado cuando esté consciente de lo que debo hacer.

Hacer todo en amor

Un mandamiento nuevo os doy: Que os améis unos a otros; como yo os he amado, que también os améis unos a otros.

Juan 13:34

Dios siempre es motivado por su amor. Él nos ordena, también, que el amor sea la motivación de todo lo que hacemos. ¿De qué forma puedes mostrarles amor a los demás mientras esperas el milagro que necesitas y que es inminente?

Dios, gracias por tu amor perdurable. Gracias, porque el milagro que necesito tiene la palabra "amor" escrita por todas partes. Mientras espero que ocurra, ayúdame a mostrar amor genuino en mi propia vida. Incluso en este momento en que la adversidad afecta mi estado de ánimo y actitud, te pido que el amor venza sobre mi pesimismo natural. Señor, muéstrame formas prácticas de amar a otros y quizá acelerar un milagro en su vida.

Eres propiedad de Dios

[el Espíritu Santo] ...que es la garantía de nuestra herencia hasta la redención de la posesión adquirida, para alabanza de su gloria.

EFESIOS 1:14, RVC

Los cristianos son personas que han sido compradas por Dios. Somos Su *propiedad*. Él sabía lo que estaba adquiriendo cuando por primera vez nos amó y nos salvó. Conocía nuestros problemas, nuestras preocupaciones, nuestros valles.

Al comprarte, también adquirió tus problemas, y lo hizo de manera voluntaria. Considera tus problemas como algo que no te pertenece a ti, sino a Dios.

Padre, soy tuyo. Me compraste, y en esa adquisición están incluidos mis problemas, mis caprichos y mis traspiés. Confío en que te ocuparás de los problemas que más me perturban ahora. Señor, ayúdame mientras dejo estas ansiedades en tus manos una vez más.

Permite que haya una resolución, Señor. Concédeme el milagro que representa tu voluntad para mi vida.

Una espera de treinta y dos años

Esperé yo a Jehová, esperó mi alma;
en su palabra he esperado.
Mi alma espera a Jehová
más que los centinelas a la mañana,
más que los vigilantes a la mañana.

SALMOS 130:5-6

Sé de una mujer cuyo hijo no mostraba interés en Cristo. De modo que comenzó a orar por un milagro: un nuevo nacimiento para su hijo. Oró durante treinta y dos años... y luego falleció sin haber visto cambio alguno. ¿Pero acaso Dios obró el milagro?

¡Sí! Su hijo *efectivamente* conoció a Cristo luego de la muerte de su madre y sirvió al Señor durante muchos años. Quizá tu milagro ocurra mañana. Quizá todavía faltan algunos años. No te rindas ni siquiera en tu lecho de muerte.

Oh, Señor Dios, ¡espero no tener que esperar décadas para que se realice mi milagro! Por favor, concédeme una respuesta pronto, pero que no se haga mi voluntad, sino la tuya. Me mantendré firme sostenido por la fe en Tu Palabra.

Una serie de pequeños milagros

Tú eres el Dios que hace maravillas;
hiciste notorio en los pueblos tu poder.

SALMOS 77:14

En ocasiones, podemos volver la vista atrás y darnos cuenta de que el gran milagro que esperábamos fue, más bien, una serie de pequeños milagros que produjeron el mismo resultado.

Sí, nos encanta ir en pos de milagros grandes y dramáticos, y Dios efectivamente realiza obras de ese tipo. El milagro que necesitas podría ser uno de esos. Pero también, de manera alternativa, puede ser que te des cuenta de que Dios propició la solución que necesitabas a través de una serie de milagros más pequeños. De una u otra forma, ¡tienes motivos para regocijarte!

Señor, si concedes los milagros pequeños, abre mis ojos para ser capaz de verlos. No dejes que pase por alto lo que estás haciendo por estar buscando en otro lado una respuesta diferente. Para ti, un milagro no es ni grande ni pequeño: es, simplemente, un milagro.

Elaborar una lista

Mas tú, cuando ores, entra en tu aposento, y cerrada la puerta, ora a tu Padre que está en secreto; y tu Padre que ve en lo secreto te recompensará en público.

MATEO 6:6

Es muy efectivo llevar una lista de oración. Una forma de hacer esto es anotar tus peticiones en una libreta y crear cuatro columnas. En las dos primeras, asigna un nombre a la petición y luego incluye la fecha en que comenzaste a orar por esa intención. En cada tiempo de oración toma nota de cualquier cambio en la tercera columna. La columna final es donde escribirás la fecha en que la oración fue contestada y el milagro concedido.

Señor, en ocasiones mis oraciones parecen dispersas. Algunas veces olvido incluso orar por asuntos importantes en mi vida. Si una lista por escrito me va a ayudar a concentrarme en la oración, iniciaré una. Te pido que, cuando ore fielmente siguiendo las notas de mi lista, actúes en respuesta.

El origen de un milagro

Porque mis pensamientos no son vuestros pensamientos, ni vuestros caminos mis caminos, dijo Jehová.

Como son más altos los cielos que la tierra, así son mis caminos más altos que vuestros caminos, y mis pensamientos más que vuestros pensamientos.

ISAÍAS 55:8-9

Un verdadero milagro solo puede venir del cielo: de la mano de Dios. Mientras que el razonamiento humano le pertenece al reino terrenal, los razonamientos de Dios provienen del reino celestial. Cuando aceptamos recurrir a Dios en busca de un milagro, también estamos reconociendo que un plan humano fracasará. Ora por un milagro que tenga su origen en el cielo y no en la tierra.

Señor, abandono la lógica terrenal, los planes mundanos y los esfuerzos humanos para obtener una solución a mi aflicción. Ahora, Señor, acudo a ti como el Único que puede hacer milagros, el Único que puede resolver mi problema. Líbrame de confiar en "milagros" que no son más que maquinaciones del hombre.

Plantar semillas milagrosas en los demás

No nos cansemos, pues, de hacer bien; porque a su tiempo segaremos, si no desmayamos.

GÁLATAS 6:9

Mientras transitas por tu valle, otras personas que conoces también se están abriendo paso a través de su propio sendero tortuoso. Cuando ores cada día, recuerda las necesidades de los demás. Ora por ellos como quisieras que ellos oraran por ti. Estarás plantando semillas milagrosas en las vidas de los demás, que germinarán en tu propia vida.

Señor, si no estoy consciente de las necesidades de los demás, muéstramelas. Haz que mis sentidos estén más atentos. Recuérdame las cosas pequeñas y prácticas que puedo hacer para ayudarlos. Muéstrame las semillas que puedo plantar en las vidas de mis amigos que sufren y que habrán de florecer en sus vidas al igual que en la mía.

Esperar que Dios sane a su manera, la cual es perfecta

Mas el Dios de toda gracia, que nos llamó a su gloria eterna en Jesucristo, después que hayáis padecido un poco de tiempo, él mismo os perfeccione, afirme, fortalezca y establezca.

1 Pedro 5:10

Dios es sumamente impredecible. Fiel, pero impredecible. Ahora mismo, mientras oras por tu inquietante situación, Dios ha enviado la respuesta. Puede ser que por un tiempo no sea evidente, pero Dios te ha escuchado. Él te sana a su manera, la cual es perfecta.

Dios, es difícil tener esperanza día tras día… pero sigo esperando en ti y eso marca toda la diferencia. Tú has escuchado mis clamores, enjugado mis lágrimas y has sido mi consuelo en los días más difíciles.

Padre, estoy indefenso. No puedo hacer otra cosa que apoyarme fuertemente en ti. Concédeme pronta sanación y restauración, a tu manera.

Siempre hay más

Y cuando se hubieron saciado, dijo a sus discípulos:
Recoged los pedazos que sobraron, para que no se
pierda nada.

Juan 6:12

Con Dios nunca hay escasez, sino que siempre hay
más. Donde nosotros vemos escasez (cinco panes y
dos peces), Dios ve doce cestas llenas de comida. Donde vemos fracasos, Dios ve la gracia que cubre cada
pecado y cada decisión equivocada.

Frente a tu necesidad de este momento puede ser
que veas escasez, pero confía en que Dios multiplicará
los panes y los peces y concederá abundancia en tu
situación. Él proveerá.

Señor, eres el Dios de la plenitud en mi vida, el Dios
de la abundancia. Frente a mi gran necesidad, solamente puedo ver escasez, pero Tú ves lo que tienes
planeado para mí: ves restauración, ves el potencial
para desbordar bendiciones en mi vida.

Esperanza

Alma mía, en Dios solamente reposa,
porque de él es mi esperanza.

SALMOS 62:5

La oración sin esperanza es como una boda sin la novia. Si oramos, debemos esperar que Dios responda. Esto no es arrogancia de parte nuestra: Dios nos invita a pedirle que supla nuestras necesidades. La petición es parte de la práctica de la oración, además de la alabanza, la confesión y escuchar la voz de Dios cuando nos habla. Dios no solamente nos invita a pedir, nos insta a *mantener la esperanza*.

Padre, me invitas a acercarme a menudo a ti para darte a conocer mis necesidades, al tiempo que te adoro, confieso mis pecados y escucho tu voz. Me invitas a esperar una respuesta, mirándote en fe. Mantén siempre delante de tus ojos mi situación. Hazte cargo de cada elemento de mi problema. Planea la solución perfecta y permite que se manifieste pronto.

Señor, tuya es mi esperanza.

Su milagro preliminar

Por nada estéis afanosos, sino sean conocidas vuestras peticiones delante de Dios en toda oración y ruego, con acción de gracias.

Y la paz de Dios, que sobrepasa todo entendimiento, guardará vuestros corazones y vuestros pensamientos en Cristo Jesús.

FILIPENSES 4:6-7

Mientras oramos y esperamos que Dios resuelva nuestro problema, podemos experimentar un milagro "preliminar". Ese milagro es la paz de Dios que sobrepasa todo entendimiento, incluso durante *esta prueba*, nuestro problema actual. Cada día, mientras esperamos, Dios nos concede consuelo, seguridad y aliento. Si no has experimentado todavía esta paz, pídesela a Dios y confía en que te la dará.

Padre Dios, necesito una paz que sobrepase todo entendimiento. Mis propios intentos de alcanzar sosiego parecen fracasar. Concédeme esa paz sobrenatural que puede sostenerme hoy y cada día hasta que termine mi prueba.

En el centro de cada prueba

Mas el Consolador, el Espíritu Santo, a quien el Padre enviará en mi nombre, él os enseñará todas las cosas, y os recordará todo lo que yo os he dicho.

JUAN 14:26

En el centro de cada gran prueba hay también una gran lección. Sin embargo, estamos tan preocupados que, a menudo, no podemos ver la lección o el posible beneficio. Ahí es cuando tenemos que aceptar por fe que Dios tiene la intención de que algo bueno y útil se obtenga a partir de nuestros problemas. Si no puedes ver ahora la lección escondida en esta dificultad, que Dios te ayude pronto a descubrirla.

Dios, en este punto de mi prueba, es casi risible pensar que puede haber algo bueno escondido dentro de mi situación. Ciertamente, no puedo verlo ahora pero, por fe, confío en que me revelarás aquello que está ahora oculto en mi adversidad. Por fe, te pido que maximices esa lección, cualquiera que esta sea. Señor, que sea digno del dolor por el que estoy pasando.

Precioso sueño

Por demás es que os levantéis de madrugada,
y vayáis tarde a reposar,
y que comáis pan de dolores;
pues que a su amado dará Dios el sueño.

SALMOS 127:2

En medio de esta dolorosa temporada, mientras aguardamos el milagro que necesitamos, nuestros hábitos de sueño se ven afectados. O dormimos demasiado o tal parece que no podemos dormir bien en absoluto. En cualquiera de los dos casos, es correcto pedirle a Dios que nos ayude a dormir para ser restaurados cuando posamos nuestra cabeza en la almohada durante la noche.

Señor, Tú sabes cómo mis pruebas han afectado mis hábitos de sueño. Dios, concédeme el tipo de descanso que me ayudará a recuperarme. Abre las ventanas de los cielos y envía una suave brisa. Que las melodías celestiales sean como un arrullo en mis oídos. Que los susurros de consuelo de tu Espíritu Santo me recuerden que todo estará bien. Aunque yo duerma, Tú nunca duermes y siempre estás obrando a mi favor.

Energía abundante

...fortalecidos con todo poder, conforme a la potencia
de su gloria, para toda paciencia y longanimidad...

COLOSENSES 1:11

Las pruebas severas minan nuestra energía. Nos
arrastramos a lo largo del día con desgano y sin propósito. Este es uno de los efectos de la depresión que
sufrimos cuando estamos agobiados. En momentos
así, debemos hacer todo lo posible, en términos nu-
tricionales, para reforzar nuestras fuerzas y debemos
depender del Espíritu Santo como proveedor de la
energía que nos permitirá terminar el día.

Padre, necesito energía para atravesar esta mala temporada de mi vida. Ayúdame a cuidar de mí mismo
recordándome que me alimente bien, haga ejercicio
y mantenga una actitud positiva, incluso en medio de
todo lo que me está pasando. Pero más allá de lo que
yo pueda hacer, oro para que tu energía divina me
infunda la fuerza que no podría tener por mi propia
cuenta. Señor, restaura mi energía.

Fe como una semilla de mostaza

El reino de los cielos es semejante al grano de mostaza, que un hombre tomó y sembró en su campo; el cual a la verdad es la más pequeña de todas las semillas; pero cuando ha crecido, es la mayor de las hortalizas, y se hace árbol, de tal manera que vienen las aves del cielo y hacen nidos en sus ramas.

MATEO 13:31-32

El tamaño de la fe no es lo importante: lo fundamental es el tamaño del objeto de nuestra fe. Una fe del tamaño de una semilla de mostaza puede mover montañas si está puesta en un Dios capaz de poner de cabeza la geografía.

Dios, es posible que mi fe sea solo del tamaño de una pequeña semilla de mostaza, pero pongo esa fe en ti, mi Dios imponente, poderoso y capaz de realizar milagros. Tú cumples tus promesas y me aseguras que esta prueba tendrá el desenlace necesario, que será el resultado del milagro o de la serie de milagros que me concederás. Dios, cuando se debilite mi fe, recuérdame volver mis ojos a ti.

Razonamiento humano santificado

No os conforméis a este siglo, sino transformaos por medio de la renovación de vuestro entendimiento, para que comprobéis cuál sea la buena voluntad de Dios, agradable y perfecta.

ROMANOS 12:2

Un milagro que a menudo soslayamos y que podemos experimentar durante tiempos difíciles es el que ocurre cuando Dios nos revela la solución obvia de nuestro problema. En otras palabras, lo que debemos hacer para resolver nuestra adversidad nos llega a través de una idea o pensamiento enviado por Dios.

Sin embargo, debemos procurar recordar, cuando ocurra esto, que aun así debemos reconocer que todo es obra de Dios y no nuestra.

Dios, mi propia habilidad para razonar a menudo es imperfecta. Fácilmente, puedo llegar a conclusiones equivocadas o dar traspiés basados en mi percepción errónea de la situación. Pero Tú, oh Señor, puedes santificar mi razonamiento humano, brindándome perspectivas que no podría tener por mí mismo.

Señor, ¡dirige mis pensamientos!

Nunca temprano, nunca tarde

Aunque la visión tardará aún por un tiempo, mas se apresura hacia el fin, y no mentirá; aunque tardare, espéralo, porque sin duda vendrá, no tardará.

HABACUC 2:3

Todavía Dios no ha contestado una oración o concedido un milagro demasiado temprano o demasiado tarde. Cuando se presente el milagro que necesitas —cualquiera que sea la forma que tome— será en el tiempo de Dios y a su manera. Es difícil esperar, pero todavía más difícil sería recibir una respuesta inoportuna a la oración.

Señor, aunque estoy ansioso por una solución para mi adversidad, confío en que elegirás el momento perfecto para conducirme a un desenlace. Oro por tu respuesta y la acepto por fe. Determino tener la paciencia de Job y esperar tu plan para poner punto final a esta prueba. Con tu tiempo, el cual es bueno, oro para que la paz sea el resultado de tu intervención: paz y restauración.

La obra más grande de todas

Con Cristo estoy juntamente crucificado, y ya no vivo yo, mas vive Cristo en mí; y lo que ahora vivo en la carne, lo vivo en la fe del Hijo de Dios, el cual me amó y se entregó a sí mismo por mí.

GÁLATAS 2:20

Cuando estamos en medio de una dolorosa adversidad, creemos que el milagro que Dios concederá será una solución satisfactoria para nuestra crisis. Estamos tan consumidos por el desgaste emocional, que olvidamos que el verdadero milagro que Dios quiere llevar a cabo es *dentro de* nosotros.

Confía en la obra que Dios realice en ti durante este tiempo de crisis personal. Ese es el centro de su atención. Haz que también sea el centro de la tuya.

Padre, sé que quieres que este tiempo difícil ayude a moldear mi vida interior, pero algunos días es muy difícil imaginar que eso pueda ocurrir. El clamor externo parece ahogar cualquier beneficio interno que yo sea capaz de percibir. Y aun así, Señor, confío en ti.

Guarda tu boca

El que guarda su boca guarda su alma;
mas el que mucho abre sus labios tendrá calamidad.

PROVERBIOS 13:3

Durante tiempos estresantes, debemos tener cuidado con lo que decimos. Con toda seguridad, lo que está en nuestro corazón saldrá de nuestra boca. ¿Estamos hablando de esperanza en Cristo? ¿Nos predicamos a nosotros mismos la fe en Dios? ¿O acaso nuestra lengua refuerza la duda, glorificando así al enemigo de nuestras almas?

Padre, perdóname por las conversaciones insensatas. Que cuando abra mi boca, mis palabras sean declaraciones de alabanza y afirmaciones de tu fidelidad para conmigo. Cuando comience a pronunciar palabras de duda, Señor, pon un freno en mi espíritu que acalle esas palabras inútiles.

Que mi corazón sea transformado mientras paso tiempo en tu Palabra, que se llene de sabiduría y que ella se abra paso hasta mis palabras. Señor, haz que mi boca sea una fuente de alabanza hacia ti.

Desafiar al enemigo

...porque las armas de nuestra milicia no son carnales, sino poderosas en Dios para la destrucción de fortalezas, derribando argumentos y toda altivez que se levanta contra el conocimiento de Dios, y llevando cautivo todo pensamiento a la obediencia a Cristo...

2 Corintios 10:4–5

La presente adversidad puede ser, de hecho, un golpe directo en contra tuya de parte del enemigo de tu alma, Satanás. Aun así, Dios puede redimir la situación y revertirla para tu bien; mientras tanto, puedes oponer resistencia a las estratagemas del enemigo a través de una oración poderosa.

Dios, puedo percibir la mano del enemigo en mi actual situación. Eso no evitará que me concedas el milagro que me sacará de esto, ni tampoco impedirá que actúes en mi favor y por mi bien. A pesar de ello, sé que debo resistir a Satanás y no debo ignorar sus maquinaciones. Así que, Dios, clamo a ti mientras opongo resistencia al enemigo. Te alabo, Padre, por mi triunfo sobre todo ataque satánico.

Dios puede ver

Entonces llamó el nombre de Jehová que con ella hablaba:

Tú eres Dios que ve...

GÉNESIS 16:13

Agar, rechazada y abatida, había huído de los malos tratos de Sarai. ¿Qué debía hacer? Ella necesitaba un milagro.

Dios le envió a su ángel y prometió darle un hijo, Ismael. En respuesta, Agar se refirió a Dios como *El Roi*, el "Dios que ve".

Ten por seguro que hoy Dios sigue siendo el mismo. Todavía es *El Roi*, puede ver por lo que estás pasando, y le importa.

El Roi, Tú realmente eres el Dios que ve. Has visto mi situación desde el mismo principio. Incluso ahora, puedes ver su desenlace aunque todavía siga oculto para mí. Gracias, porque es debido a tu gracia que puedes ver con ojos de compasión, no de juicio y reprensión. Padre, realmente puedo decir, al igual que Agar: "Eres el Dios que me ve".

¿Quién nos separará?

Por lo cual estoy seguro de que ni la muerte, ni la vida, ni ángeles, ni principados, ni potestades, ni lo presente, ni lo por venir, ni lo alto, ni lo profundo, ni ninguna otra cosa creada nos podrá separar del amor de Dios, que es en Cristo Jesús Señor nuestro.

ROMANOS 8:38-39

La adversidad puede hacernos sentir alejados de Dios, a pesar de que sepamos que eso no es verdad. Nada puede separarnos del amor de Dios, y eso incluye "lo presente".

No importa cuál sea tu situación "presente", no importa qué milagro requieras, nada de eso puede separarte de Dios o de su amor.

Padre, estoy asombrado de tu amor que me envuelve, que jamás se separa de mí. Nada en este mundo puede ponerle fin. Tu amor atiende mis oraciones. Tu amor está de mi lado durante tiempos de adversidad. Tu amor da y nunca quita.

Señor, que pueda estar tan seguro de tu cuidado durante este tiempo difícil que me preocupe menos y ame más a los demás.

Dios tiene un plan

Vosotros pensasteis mal contra mí, mas Dios lo encaminó a bien, para hacer lo que vemos hoy, para mantener en vida a mucho pueblo.

GÉNESIS 50:20

¿Crees que te encuentras en esta situación por cuestiones del azar, y que pasó desapercibida para Dios? No, Dios vio que esto ocurriría y, de hecho, determinó una estrategia desde la eternidad para utilizar esta adversidad como parte de su plan.

Ora de todo corazón, pero confía en el plan de Dios, que es mejor que el tuyo.

Dios, en honor a la verdad, yo puedo diseñar un plan para terminar con mi crisis. Sin embargo, estoy bastante seguro de que ninguno de mis planes se corresponde con los tuyos. Tú lo ves todo de una manera completamente distinta a la mía. No solo puedes ver mi situación actual, sino también mi futuro y sabes cómo acomodar esta adversidad dentro de un plan perfecto que resuelva el conflicto, al mismo tiempo que te dé toda la gloria.

El lugar más seguro

Torre fuerte es el nombre de Jehová;
a él correrá el justo, y será levantado.

PROVERBIOS 18:10

Durante una tormenta, queremos refugiarnos y sentirnos a salvo de las ráfagas. En nuestra presente tempestad, el lugar más seguro sobre la faz de la tierra es la firme mano de Dios. Él tiene el control de nuestra situación y de su desenlace.

Entra y protégete del frío exterior. Echa anclas en el lugar más seguro de todos. Haz de Dios tu torre fuerte.

Padre, eres mi torre fuerte. Eres mi lugar seguro en esta temporada de crisis. Corro hacia ti buscando protección. Mantenme dentro de tu mano firme. Resuelve mi situación pronto y a favor mío. Confío en tu nombre, Señor. Tú eres el director soberano de todos los acontecimientos de mi vida. Cada resultado está definido por ti y es para mi bien. Que esta crisis llegue pronto a su final, Padre.

Aceptación

Estas cosas os he hablado para que en mí tengáis paz.
En el mundo tendréis aflicción; pero confiad, yo he
vencido al mundo.

JUAN 16:33

Todos debemos aceptar tanto las aventuras felices de
la vida como sus desgarradoras decepciones. Dios se
regocija con nosotros en las primeras y nos consuela y
fortalece durante las segundas. Aceptar las altas y ba-
jas de la vida nos enseña que podemos manejar lo que
sea, siempre y cuando confiemos el desenlace a Dios.

Querido Señor, has confirmado a través de las palabras de Jesús que en este mundo tendremos tribulación, ¡y eso me está pasando! Pero también has
prometido paz, precisamente, porque Jesús pudo
vencer al mundo y sus tribulaciones. En Él puedo
poseer esa paz sobrenatural sin importar con qué
fiereza soplen los vientos de la prueba. Padre, ayúdame a tener fortaleza mientras acepto esta vida que se
parece tanto a una montaña rusa.

¡Que lo digan los redimidos!

> Alabad a Jehová, porque él es bueno;
> porque para siempre es su misericordia.
> Díganlo los redimidos de Jehová,
> los que ha redimido del poder del enemigo...
> SALMOS 107:1-2

Cuando necesitamos un milagro, ansiamos que llegue el día en que nuestros problemas sean cosa del pasado. Cuando llegue ese momento, debemos recordar darle gracias a nuestro buen Dios por su amor inquebrantable.

Debemos recordar a menudo que nos libró de adversidades pasadas y declararlo. Tenemos que estar preparados para glorificar a Dios a través del testimonio de nuestros labios.

Padre, cuando esta situación llegue a su fin, te daré gracias tal como lo hago ahora porque eres bueno conmigo, no solo cuando llega la liberación, sino también en medio de mis adversidades.

Señor, que la alabanza hacia ti esté siempre en mis labios.

Ser valiente

Mira que te mando que te esfuerces y seas valiente;
no temas ni desmayes, porque Jehová tu Dios
estará contigo en dondequiera que vayas.

JOSUÉ 1:9

Dios nos ordena ser fuertes y valientes durante nuestras batallas y pruebas terrenales. Nos dice que no temamos ni desmayemos. ¿Por qué nos dice esto? Porque Él está con nosotros dondequiera que vayamos.

Si estamos atravesando el fuego de la aflicción, Él está allí. Si nuestro corazón está destrozado, Él está allí. Si nuestros recursos financieros se agotaron, Él está allí. Si los resultados del laboratorio traen malas noticias, Él está allí.

Padre, cuando enfrento mi situación actual, siento que mis rodillas flaquean. Señor, debo permanecer consciente de tu presencia a mi lado, dondequiera que vaya y cualesquiera que sean mi circunstancias.

Por favor, Dios, permite que esta prueba me ayude a ser el cristiano valiente que me has llamado a ser.

Contentamiento

...he aprendido a contentarme, cualquiera que sea
mi situación.

Sé vivir humildemente, y sé tener abundancia; en
todo y por todo estoy enseñado, así para estar saciado como para tener hambre, así para tener abundancia como para padecer necesidad.

Todo lo puedo en Cristo que me fortalece.

Filipenses 4:11-13

El contentamiento, independientemente de nuestras circunstancias externas, es algo que aprendió el
apóstol Pablo. Nosotros también podemos aprender a
permanecer firmes durante la adversidad y confiar en
Dios más plenamente.

Padre, la adversidad en mi vida tiende a minar mi
sentido de la paz. Sé que debería contentarme porque
eres mi proveedor en cada aspecto de mi vida, pero
algunos días mi dificultad actual es abrumadora y el
contentamiento sale volando por la ventana. Señor,
aprenderé lo mejor que pueda a contentarme sin importar cómo me encuentre.

Pase de mí esta copa

Entonces Jesús les dijo: Mi alma está muy triste, hasta la muerte; quedaos aquí, y velad conmigo.

Yendo un poco adelante, se postró sobre su rostro, orando y diciendo:

Padre mío, si es posible, pase de mí esta copa; pero no sea como yo quiero, sino como tú.

MATEO 26:38-39

Con toda seguridad, una de nuestras oraciones durante tiempos de estrés extremo es similar a la oración del Señor Jesús en el jardín de Getsemaní. Confrontado con su inminente crucifixión, Jesús pidió que, de ser posible, la copa del sufrimiento pasara de Él.

Es comprensible –para Dios– que nosotros también elevemos una plegaria para contar con un plan B...; pero, al hacerlo, debemos añadir: "Pero no sea como yo quiero, sino como tú".

Padre, cuando veo que Jesús oró por una alternativa a su brutal crucifixión, me consuela haber orado de la misma manera. Si hay un plan B viable que pueda lograr lo mismo que este doloroso plan A, te pido que usemos esa opción en su lugar.

Dios no se oculta

Porque no menospreció ni abominó la aflicción del afligido, ni de él escondió su rostro; sino que cuando clamó a él, le oyó.

SALMOS 22:24

En nuestros días más oscuros, nos parece que Dios se ha ocultado. Pero igual que el sol todavía brilla detrás de las nubes que lo ocultan a nuestra vista, de la misma manera, Dios todavía está con nosotros. No se oculta. Está aquí.

Dios, mientras sigo orando por un milagro, lo hago sabiendo que estás bien presente aquí, conmigo. Aunque los problemas que enfrento parecen ocultar tu rostro, sé que se trata solo de una percepción distorsionada debido a mis temores, no a mi fe.

Padre, gracias por nunca ocultarte de mí. Por estar siempre disponible para escuchar mi clamor. Por estar atento a mis necesidades. Por saber el milagro exacto que requiero en mi vida y concederlo en tu tiempo perfecto.

Alegría en la mañana

Por la noche durará el lloro,

y a la mañana vendrá la alegría.

SALMOS 30:5

Dios promete que, aunque nuestro sufrimiento ciertamente perdure durante la noche, podremos despertar al gozo en la mañana. Cuando estamos concentrados en nuestra "noche" de sufrimiento (lo cual es perfectamente comprensible), es fácil olvidar la promesa de las alegrías del amanecer.

¡Oh, Dios! La promesa de la alegría en la mañana me brinda gran esperanza. La noche, repleta de angustia y adversidad, me deja desconsolado. Pero si aparto la vista de mi sufrimiento actual, aunque sea momentáneamente, y miro hacia adelante, hacia la mañana, siento que revivo.

Padre, no sé qué debe suceder para que lleguen la mañana y su alegría, pero sí sé que hará falta un milagro. Señor, ponle fin a mi noche oscura, haz que brille un nuevo amanecer y acompáñalo de gozo y alegría.

Sin temor

Porque yo Jehová soy tu Dios, quien te sostiene de tu mano derecha, y te dice: No temas, yo te ayudo.

ISAÍAS 41:13

Una crisis en nuestra vida por lo regular nos asusta. Tememos lo peor o quizá, simplemente, sentimos miedo ante la posibilidad de un desenlace desconocido. Es posible que tengamos temor al cambio que ocurrirá en nuestra vida debido a la prueba. Sin embargo, siempre, siempre, siempre Dios está listo, tomando nuestra mano y diciéndonos que no temamos.

Padre, cuando el temor se deslice sigilosamente en mi vida como resultado de la situación actual, recordaré que no solo estás conmigo en esta prueba, sino que estás a mi lado, sosteniendo mi mano.

Señor, por mi lado, me aferro a tu poderosa mano y confío en que pondrás fin a esta prueba. Oro por la paz que destierra el temor. Ruego sentir tu presencia durante las horas más difíciles. Oro por tu milagro perfecto –tu solución impecable– para los angustiosos problemas en mi vida.

La fe es tu única solución

Desde entonces muchos de sus discípulos volvieron atrás, y ya no andaban con él.

Dijo entonces Jesús a los doce: ¿Queréis acaso iros también vosotros?

Le respondió Simón Pedro: Señor, ¿a quién iremos? Tú tienes palabras de vida eterna.

Y nosotros hemos creído y conocemos que tú eres el Cristo, el Hijo del Dios viviente.

JUAN 6:66-69

Algunos discípulos de Jesús se ofendieron cuando dijo que, para poder seguirlo, sería necesario que comieran su carne y bebieran su sangre. Como resultado, esos discípulos "ya no andaban con él" (versículo 66). Simón Pedro sabía –igual que nosotros– que de todas formas no tenemos ningún lugar a donde ir. Solo Jesús tiene palabras de vida eterna.

Señor, quiero ser un verdadero discípulo. No puedo ofenderme por algo que has dicho en tu Palabra o por alguna adversidad que hayas permitido que ocurra en mi vida. Solamente Tú tienes el milagro que necesito. Eres mi única solución.

La adversidad como invitación

A todos los sedientos: Venid a las aguas; y los que no tienen dinero, venid, comprad y comed. Venid, comprad sin dinero y sin precio, vino y leche. [...]

Inclinad vuestro oído, y venid a mí; oíd, y vivirá vuestra alma; y haré con vosotros pacto eterno, las misericordias firmes a David.

ISAÍAS 55:1, 3

Dios se deleita de tal forma cuando recibe un corazón abierto que, de ser necesario, permitirá que seamos llevados al borde de la desesperación para que lo invitemos seriamente a venir a nosotros. Ten en cuenta que tu prueba presente –aunque insoportablemente difícil– es una oportunidad para caminar más cerca de Dios.

Padre, si la angustia presente me acerca a ti, entonces habrá valido la pena. En este mismo momento solo tengo hambre de una solución: añoro un milagro. Señor, a medida que me acerco a ti, escucha mi clamor, mira mis lágrimas. Envía, oh Señor, las aguas que me quitarán la sed.

Lucha

Porque no tenemos lucha contra sangre y carne, sino contra principados, contra potestades, contra los gobernadores de las tinieblas de este siglo, contra huestes espirituales de maldad en las regiones celestes.

EFESIOS 6:12

Muchas de las pruebas que atravesamos pueden haber sido motivadas por nuestro enemigo, Satanás. En tales casos, el milagro que necesitamos puede realizarse a través de la lucha en contra de las "huestes espirituales de maldad en las regiones celestes". No dejes de considerar este aspecto de tu prueba. Es posible que sea necesario luchar por el milagro que necesitas.

Señor, me mantengo firme en contra de las tácticas del enemigo. Lucho desde la posición de victoria en Cristo que me has concedido. Tomo autoridad sobre todo intento de maldad desatado en mi contra. Resisto los esfuerzos del enemigo para derribarme a través del desánimo o la falta de fe. Permanezco firme en contra del enemigo y en el poder de *tu* fuerza.

El carácter de la fe

Es, pues, la fe la certeza de lo que se espera, la convicción de lo que no se ve.

HEBREOS 11:1

La verdadera clave de la victoria en nuestras circunstancias desesperantes es darnos cuenta del carácter definitivo de la fe. La fe es el principio y el punto final de nuestra travesía a través del Valle de la Desesperación. La buena noticia es que este alto en el Valle de la Desesperación es nuestro lugar de reposo. Se acabaron las maniobras, tratando de llevar a cabo una obra irrealizable. Solamente Dios puede salvarnos ahora. La fe es tener la certeza de las cosas que esperamos y la convicción de las cosas que todavía no podemos ver.

Padre, es tan bueno saber que mi fe en ti es todo lo que tengo, porque esta fe es todo lo que necesito. La fe es mi lugar de descanso. Es la promesa de que todo se conducirá de acuerdo a tu exacta voluntad. Es saber que tienes el milagro preciso para remediar mi situación y que este ocurrirá en tu tiempo perfecto.

Sí, Señor, la fe es suficiente. *Tú* eres suficiente.

Palabras finales

Aunque este libro de oraciones breves llega aquí a su fin, espero que continúes orando y buscando a Dios, ya sea que tu milagro haya tenido lugar o no. Si *no* ha ocurrido todavía, sigue orando. Ten fe y, tal como se ha dicho muchas veces en estas páginas, permite que Dios, en su propio tiempo, te conceda el milagro que Él elija realizar.

Si Dios *ya* hizo el milagro que resolvió tu crisis, quiero recordarte un episodio ocurrido durante el ministerio terrenal de Jesús y que quedó registrado en el Evangelio de Lucas:

> Yendo Jesús a Jerusalén, pasaba entre Samaria y Galilea. Y al entrar en una aldea, le salieron al encuentro diez hombres leprosos, los cuales se pararon de lejos y alzaron la voz, diciendo: ¡Jesús, Maestro, ten misericordia de nosotros! Cuando él los vio, les dijo: Id, mostraos a los sacerdotes. Y aconteció que mientras iban, fueron limpiados. Entonces uno de ellos, viendo que había sido sanado, volvió, glorificando a Dios a gran voz, y se postró rostro en tierra a sus pies,

dándole gracias; y este era samaritano. Respondiendo Jesús, dijo: ¿No son diez los que fueron limpiados?
Y los nueve, ¿dónde están? ¿No hubo quien volviese
y diese gloria a Dios sino este extranjero? Y le dijo:
Levántate, vete; tu fe te ha salvado (Lucas 17:11-19).

Los diez leprosos fueron sanados, pero solamente uno
regresó a postrarse delante de Jesús, dándole gracias.
Al igual que él, debemos estar agradecidos siempre a
Dios por su intervención en nuestras vidas.

Ahora debes seguir adelante con un espíritu de
alabanza y acción de gracias a tu fiel Dios. Debes contarle a los demás acerca de su obra en tu vida. Debes
también estar disponible para otros durante sus angustias, consolándolos con el consuelo que Dios te ha
otorgado. Tal como Pablo nos recuerda:

Bendito sea el Dios y Padre de nuestro Señor Jesucristo, Padre de misericordias y Dios de toda consolación,
el cual nos consuela en todas nuestras tribulaciones,
para que podamos también nosotros consolar a los
que están en cualquier tribulación, por medio de la
consolación con que nosotros somos consolados por
Dios (2 Corintios 1:3-4).

Una exhortación final: si Dios te ha ayudado a través de esta crisis, con toda seguridad debes saber que, con el paso del tiempo, habrá pruebas y adversidades adicionales. Así es la vida en este planeta después de la caída. Cuando lleguen los tiempos difíciles, recuerda poner tu confianza en Dios. Conserva este librito a mano. Efectivamente, es posible que lo vuelvas a necesitar.

Que Dios te bendiga y sostenga al enfrentar todas y cada una de tus adversidades.

SOBRE EL AUTOR

• •

NICH HARRISON es autor de más de una docena de libros; entre ellos, varios títulos incluidos en la serie *Oraciones de un minuto: One-minute prayers for Those with Cancer* [*Oraciones de un minuto para quienes padecen cáncer*], *One-minute prayers for Husbands* [*Oraciones de un minuto para esposos*] y *One-minute prayers for Dads* [*Oraciones de un minuto para padres*]. Sus otros libros son: *Magnificent prayers* [*Magnífica oración*], *Power in the promises* [*Poder en las promesas*], *His victorious indwelling* [*Su residencia victoriosa*] y *Promises to keep: Daily Devotions for Men Seeking Integrity* [*Promesas a cumplir: devocional diario para hombres en busca de integridad*]. Nick y su esposa Beverly –quien ávidamente practica la costura confeccionando edredones– radican en Oregon. Visite el sitio web de Nick y su blog en nickharrisonbooks.com (solo disponible en inglés).